ÁNGELES CARRASCO GUTIÉRREZ

TIEMPO Y ASPECTO EN CONTRASTE

ARCO/LIBROS, S. L.

Colección: *El español en contraste*
Dirección: JUANA GIL

Diseño de cubierta: Renato Valderramas.

© by Arco/Libros-La Muralla, S. L., 2024
Juan Bautista de Toledo, 28. 28002 Madrid
ISBN: 978-84-7133-897-6
Depósito Legal: M-389-2024
Impreso en España por Tórculo Comunicación Gráfica, S.A.
(Santiago de Compostela)

A Miguel Ángel,
el eje de mi deixis

ÍNDICE

NOTA PRELIMINAR

Como es norma en las obras gramaticales actuales, los ejemplos se suelen marcar con símbolos especiales para indicar diversas informaciones. Los ejemplos mal construidos desde un punto de vista gramatical van precedidos de un asterisco (*¿Dónde está mi bici ayer?). Los ejemplos que están bien construidos, pero no son adecuados al contexto de uso van precedidos por una almohadilla (#El nuevo fichaje marcaba un gol a las 20:00). Con signos de interrogación se marca la extrañeza que suscita un ejemplo (??En el pasado, Juan chocó con el coche del vecino cuatro veces).

En este trabajo se usarán indistintamente los términos *evento, situación* y *suceso*, y se entenderá que están incluidos tanto las situaciones estativas como las no estativas. Asimismo, para evitar la confusión entre las denominaciones de los tiempos y las de los contenidos de Aspecto gramatical, se escribirán con mayúscula inicial los segundos.

Las traducciones de las citas y de los ejemplos son responsabilidad de la autora. En las traducciones de los ejemplos al español se incluyen juicios de gramaticalidad.

Siglas y abreviaturas

ACC:	acusativo
C:	sujeto de consciencia
CAU:	causativo
CL:	clasificador
DET:	determinante
DPV:	*Diccionario de perífrasis verbales*
E:	tiempo del evento
ERG:	ergativo
F:	tiempo del foco
Flex:	Flexión
FUT:	futuro

H:	tiempo del habla
IMPFV, IPFV, IMP:	Imperfectivo
INF:	infinitivo
INS:	instrumental
Lit.:	traducción literal
NEG:	negación
NEU:	neutro
NOM:	nominativo
OBL:	oblicuo
P:	punto de aprehensión del proceso
PAR:	partícula
PART:	participio, partitivo
PAST:	pasado
PERF, PFV:	Perfectivo
PL:	plural
POSS:	posesivo
PROG:	progresivo
PRS:	presente
R:	tiempo de referencia
REFL:	reflexivo
SAsp:	Sintagma Aspecto
SConc:	Sintagma Concordancia
SDet:	Sintagma Determinante
SG:	singular
SN:	Sintagma Nominal
ST:	Sintagma Tiempo
SV:	Sintagma Verbal

Agradecimientos

La investigación que subyace a este trabajo ha sido financiada por el proyecto *Microparámetros y redes en la variación de las lenguas románicas* (PID2021-123617NB-C41), del Ministerio de Ciencia e Innovación.

Vaya todo mi agradecimiento a Juana Gil por concederme el honor de participar en esta colección.

INTRODUCCIÓN

El Tiempo y el Aspecto gramatical son solo dos de los mecanismos con los que se codifica el tiempo. Simplificando mucho, se trata de categorías que en muchas lenguas del mundo se expresan en el verbo y que sirven, respectivamente, para situar la situación oracional en relación con el ahora del momento del habla y para presentarla desde un particular punto de vista. Otros mecanismos son el Aspecto léxico o Modo de Acción, que es la clasificación de tipos de predicados por las propiedades temporales de las situaciones que denotan (por ejemplo, situaciones puntuales vs. situaciones durativas); las expresiones adverbiales temporales, con las que indicamos, por ejemplo, posición en la línea temporal (*hoy, hace dos años, pasado mañana*), duración (*durante media hora*), frecuencia (*cada jueves, todos los años*); las partículas temporales, como los sufijos del chino mandarín *-le, -zhe, -guo* o el prefijo *zai-*, que se vinculan con la expresión de perfectividad (*-le*), de situación en curso (*zai-* y *-zhe*) o de situación que ha sido experimentada al menos una vez en el pasado (*-guo*); y ciertos principios discursivos que condicionan las relaciones temporales que se derivan del modo en que se integran las oraciones en unidades lingüísticas más complejas (por ejemplo, el principio de la retórica clásica de *hysteron-proteron*, según el cual se interpreta por defecto que el orden de aparición de las situaciones verbales en un relato reproduce el orden real de los acontecimientos) (Klein 2009: 40-41).

El interés de la bibliografía se ha decantado claramente por los tres primeros recursos, el Tiempo, el Aspecto y el Modo de Acción. Del mismo modo, los sistemas lingüísticos que han concitado hasta el momento el interés mayoritario de los lingüistas se incluyen en un grupo muy reducido de lenguas de origen indoeuropeo, como el alemán, el inglés, el italiano, el francés, el portugués o el español, y no se ha tenido en cuenta otra modalidad que no sea la oral. Esta monografía se inscribe en esta misma tradición. Quedarán fuera, por tanto, los recursos para expresar Tiempo y Aspecto menos atendidos y los sistemas lingüísticos a los que se ha prestado poca atención, incluida la expresión de Tiempo y Aspecto en lenguas de signos. El español será de donde tome la inmensa mayoría de los ejemplos, convencida como estoy de que cualquier lengua es un acceso privilegiado a la facultad del lenguaje. No obstante, y con el deseo de que el lector interesado pueda transitar por terrenos menos trillados, se incorporan referencias bibliográficas y datos de otras muchas lenguas tanto en el texto principal como en los apartados *Bibliografía comentada* y *Actividades*.

Como en cualquier ámbito de conocimiento, los planteamientos teóricos en los estudios sobre Tiempo y Aspecto son diversos y no siempre coincidentes. Para sortear este obstáculo y ofrecer al lector una visión que le permita ordenar las cuestiones relevantes y moverse por la bibliografía con cierta comodidad, este volumen se construye sobre las aportaciones de Hans Reichenbach (1947) y Wolfgang Klein (1994a).

Las elecciones señaladas en los párrafos precedentes pretenden orientar al lector sobre qué no es este libro. Y hay muchos más asuntos que se han dejado fuera: solo habrá una mención breve al fenómeno de la concordancia de tiempos; no se prestará atención a las relaciones temporales en el discurso; no se estudiará la contribución de las expresiones temporales y aspectuales. Las razones para mostrar solo una parte del inmenso puzle son dos. La primera es la propia naturaleza de los volúmenes que integran la colección, que están destinados a recoger de manera clara y a filtrar los avances que ha ido produciendo la investigación en cada campo. La segunda está relacionada con la primera. En un ámbito de investigación en que se ha escrito tanto y hay estudios de referencia tan extraordinarios, el espacio para una visión de conjunto original es muy pequeño. Esto es lo que me ha decidido a escribir el manual que yo misma he echado de menos más de una vez: uno que redujera todo el edificio hasta sus cimientos, que simplificara al máximo los asuntos, que trazara una guía sencilla para recorrer despreocupados el camino, para que el bosque inmenso y frondoso no nos paralizara. En cualquier caso, hasta ese proceso de deconstrucción es muy personal: no es la única posibilidad, sino una de ellas, y ni siquiera definitiva. Cada estudioso aporta a un campo una forma de entender las cosas. Lo único que se puede exigir, por tanto, es honestidad y coherencia. Esas han sido mis aspiraciones. Y junto a ellas mi deseo de que este trabajo sea tomado no como un punto de llegada, sino como un punto de partida. Desde luego lo es para mí, que ya ando enredada con algún cabo suelto, pero ojalá que lo sea también, sobre todo, para quien ha decidido dedicar tiempo a estas páginas.

Con estas precisiones podemos ya echar a andar. Esta monografía se estructura en seis capítulos. Los tres primeros están destinados a responder a una serie de preguntas que resultan pertinentes desde el planteamiento contrastivo de esta colección: ¿cómo podemos obtener los significados tempo-aspectuales expresados por las formas verbales?, ¿cuántos significados son posibles y cuáles en las lenguas naturales?, ¿existen formas verbales diferenciadas para todos ellos? El cuarto capítulo presenta datos de variación lingüística. Más en concreto, está dedicado a la distribución tanto de las formas verbales de pretérito perfecto simple y compuesto como de las de futuro sintético y analítico en español de España y de América. En el capítulo cinco nos asomaremos muy superficialmente a la sintaxis del Tiempo y del Aspecto. El propósito es mostrar cómo interactúan estas categorías gramaticales con la Modalidad, el Modo de Acción y la Evidencialidad. Finalmente, el sexto capítulo ofrece datos de lenguas menos conocidas, muchas de ellas consideradas lenguas sin Tiempo o sin Aspecto.

1

SIGNIFICADOS TEMPO-ASPECTUALES: ¿CUÁNTOS Y CUÁLES?

Este capítulo se estructura en tres partes. En el apartado 1.1 presentaré un inventario de fórmulas que nos permitirán tanto describir los significados temporales de las lenguas naturales como restringirlos. En el apartado 1.2 me propongo mostrar cómo incluir asimismo en estas fórmulas los significados aspectuales. Finalmente, en el apartado 1.3 nos asomaremos a algunos desvíos posibles del camino que vamos trazando.

1.1. ACERCAMIENTO RELACIONAL A LOS SIGNIFICADOS TEMPORALES

El Tiempo gramatical es una categoría deíctica. Simplificando mucho, podemos empezar diciendo que su función es expresar la relación que existe entre el tiempo del evento oracional con respecto a un tiempo de evaluación. Este tiempo de evaluación, que es el eje de la deixis temporal, se suele identificar con el momento del habla. En español, y en muchas otras lenguas del mundo, el tiempo gramatical se expresa en el verbo. Del trabajo clásico de Reichenbach (1947) se toma mayoritariamente en la bibliografía la idea de que los significados temporales de las formas verbales pueden derivarse de la combinación de tres primitivos teóricos: el primero representaría al tiempo del evento, suceso o situación oracional (E, a partir de ahora); el segundo, a un tiempo de referencia (R); y el tercero, al eje por defecto de la deixis temporal: el tiempo del habla (H). Las combinaciones posibles entre estos primitivos teóricos serían también tres: simultaneidad, anterioridad y posterioridad. La dirección que estamos tomando se denomina en la bibliografía acercamiento *relacional* a los significados temporales. La razón es que los significados de los tiempos verbales se entienden como fruto de las distintas relaciones entre los puntos o intervalos temporales mencionados.

Fijémonos en la Tabla I:[1]

SIMULTANEIDAD	POSTERIORIDAD	ANTERIORIDAD
(H,R)	(H-R)	(R-H)
(R,E)	(R-E)	(E-R)

TABLA I. *Modelo relacional ternario de los significados temporales*

Como se muestra en la Tabla I, los primitivos se combinan de dos en dos: R con H, por un lado (primera fila); y E con R, por otro (segunda fila). La relación temporal de E con H se deduce a partir de las otras dos combinaciones. Las combinaciones obedecen a las tres relaciones temporales de simultaneidad, anterioridad y posterioridad. Por eso, calificamos el sistema de *ternario*. La simultaneidad se representa por medio de una coma. La combinación *H,R*, por ejemplo, se lee: 'el tiempo de referencia es simultáneo con el tiempo del habla'. El guion se utiliza para representar las relaciones de sucesión temporal; si el primitivo que nos interesa aparece a la derecha de otro, la relación es de posterioridad; si aparece a la izquierda, de anterioridad. Así, la combinación *H-R* se lee: 'el tiempo de referencia es posterior al del habla'; en cambio; *R-H* se lee: 'el tiempo de referencia es anterior al del habla'.

Al juntar una de las relaciones de la primera fila con otra de la segunda, obtenemos una *estructura* o *fórmula temporal*. Las fórmulas serían las herramientas para dar cuenta de los significados temporales de las formas verbales. A modo de ilustración, tomemos las combinaciones de R con H y de E con R que se recogen en la columna de la relación de anterioridad, *R-H* y *E-R*. Al juntarlas, obtenemos la estructura temporal que plasmaría el significado de la forma verbal de pretérito pluscuamperfecto *había cantado* de (1):

(1)   *Había cantado*
        Pretérito pluscuamperfecto: (E-R) (R-H)

La fórmula se lee empezando por la relación entre E y R: 'el tiempo del evento es anterior a otro tiempo de referencia que es a su vez anterior al momento del habla'. El tiempo de referencia se correspondería en ejemplos como el de (2) con el tiempo del evento de la oración principal. En el

---

[1]Para las estructuras temporales de las Tablas I y II, sigo a Hornstein (1990); para las de las Tablas III y IV, a Vikner (1985). Para modelos binarios, además de Vikner (1985) puede consultarse Verkuyl (2008, 2012).

diagrama de debajo del ejemplo, se representa con una flecha orientada hacia la derecha la línea temporal y con puntos los tiempos correspondientes a los tres primitivos de las fórmulas temporales:

(2)　Juan nos contó que *había conocido* a María el verano anterior.

$$\underset{E}{\underbrace{había\ conocido}} \qquad \underset{R}{\underbrace{contó}} \qquad H$$

La propuesta de Reichenbach prevé la existencia de nueve significados temporales en las lenguas naturales, tantos como fórmulas diferentes resultan de unir una pareja de primitivos de la primera fila de la Tabla I con una pareja de primitivos de la segunda. Los tenemos en la segunda columna por la izquierda de la Tabla II:

Estructura	Nuevo nombre	Nombre tradicional	Forma verbal
(E-R) (R-H)	Pasado anterior	Pretérito pluscuamperfecto	*Había cantado*
(R,E) (R-H)	Pasado simple	Pretérito perfecto simple	*Cantó*
		Pretérito imperfecto	*Cantaba*
(R-E) (R-H)	Pasado posterior	Condicional	*Cantaría*
(E-R) (H,R)	Presente anterior	Pretérito perfecto compuesto	*Ha cantado*
(R,E) (H,R)	Presente simple	Presente	*Canta*
(R-E) (H,R)	Presente posterior	Futuro	*Cantará (ahora)*
(E-R) (H-R)	Futuro anterior	Futuro perfecto	*Habrá cantado*
R,E) (H-R)	Futuro simple	Futuro	*Cantará (mañana)*
(R-E) (H-R)	Futuro posterior	---	---

Tabla ii. *Inventario de significados temporales según un modelo relacional ternario*

Las denominaciones de los tiempos verbales de la tercera columna proceden de nuestra tradición gramatical (RAE y ASALE 2009). En la última columna aparecen las expresiones temporales, los marcadores gramaticalizados con que el español establece de manera específica la relación de la situación oracional con el eje de la deixis temporal. Por simplicidad, me referiré en este trabajo únicamente a las formas verbales de indicativo. Para la forma verbal de pretérito anterior, *hubo cantado*, que no aparece en la Tabla, véase el apartado 3.3.3, *infra*.

El carácter restrictivo de la propuesta, es decir, que exista limitación en el número de primitivos y relaciones temporales, de modo que pueda predecirse cuántos tiempos son posibles en las lenguas naturales es una de las principales ventajas del modelo de Reichenbach. De hecho, es lo que convierte el análisis de los tiempos de Reichenbach en superior a los ofrecidos por otros modelos no restrictivos, como la lógica temporal. A modo de ejemplo, en este modelo el pasado simple se distinguiría del pasado anterior de la Tabla II por un procedimiento de subordinación de operadores de tiempo pasado (P, en 3). Pero dado que no se establece límite para la recursión o repetición de operadores, nada impediría seguir añadiéndolos de forma ilimitada:

(3)	P (evento)	Pasado simple
	P(P(evento))	Pasado anterior
	P(P(P(evento)))	Ante-pasado anterior
	P(P(P(P(evento))))	¿?
	P(P(P(P(P(evento)))))	¿?
	...	...

No obstante, la propuesta de Reichenbach presenta también tres importantes inconvenientes. El primero es el doble significado que se atribuye al tiempo futuro: (R,E) (H-R), si el futuro es modificado por expresiones temporales como *mañana*; (R-E) (H,R), si es modificado por expresiones temporales como *ahora*.

El segundo inconveniente es que el inventario de la Tabla II da cabida a estructuras temporales sin correspondencia con tiempos verbales de las lenguas naturales y, por tanto, vacuas, como la del futuro posterior de (4): no parecen existir formas verbales que sitúen el tiempo de la situación oracional como posterior a un tiempo de referencia que es posterior también al tiempo de la enunciación[2]:

(4)   **Futuro posterior**: (R-E) (H-R)

El tercer inconveniente es que no se obtiene, en cambio, la fórmula que permita dar cuenta de significados correspondientes a tiempos verbales realmente existentes. Es el caso del condicional compuesto del español (véase 5a), cuyo significado podría expresarse de la siguiente manera: 'el

---

[2] Reichenbach (1947: 297) remite para este significado temporal a la perífrasis latina *abiturus ero* ('seré uno de los que se irán a marchar'). A juicio de Ernaut y Thomas (1951: 290), la perífrasis, que se forma con el participio de futuro en *-turus* y el verbo *sum*, 'ser', se vincula a la indicación de inminencia o de que alguien está destinado o tiene la intención de hacer alguna cosa.

tiempo del evento es anterior a otro tiempo que es a su vez posterior a un tiempo de referencia que precede al momento del habla'. Represento el intervalo que nos falta mediante la letra mayúscula X tanto en la fórmula inventada de (5a) como en el diagrama del ejemplo de (5b):

(5)   a. **Condicional compuesto** (*habría cantado*):   (E- **X**) (R-**X**) (R-H)

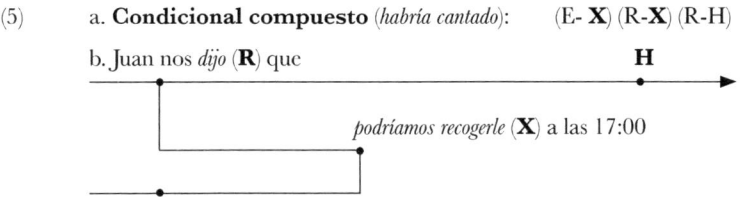

b. Juan nos *dijo* (**R**) que   **H**

podríamos recogerle (**X**) a las 17:00

porque *habría terminado* (**E**) tres horas antes todo lo que tenía pendiente

La forma de conseguir tanto que el inventario siga siendo restrictivo como que puedan evitarse los tres inconvenientes señalados es manipular los dos tipos de elementos con los que se construyen las estructuras temporales: por un lado, los primitivos teóricos; y, por otro, las relaciones temporales. En el ejemplo de (5) encontramos la pista de cómo evitar que nuestro inventario deje fuera significados temporales realmente existentes en las lenguas naturales: es necesario añadir otro primitivo teórico, un segundo punto de referencia (R2, en la Tabla III). En cuanto al objetivo de eliminar la sobregeneración que supone la existencia de fórmulas vacuas, de estructuras temporales que no traducen el significado de ningún tiempo verbal, es necesario limitar a dos las relaciones entre primitivos temporales. En otras palabras, se proponen sistemas *binarios*. Es lo que se muestra en la Tabla III:

[-PASADO]	(H,R1)	[+PASADO]	(R1-H)
[-FUTURO]	(R1,R2)	[+FUTURO]	(R1-R2)
[-ANTERIOR]	(R2,E)	[+ANTERIOR]	(E-R2)

TABLA III. *Modelo relacional binario de los significados temporales*

En modelos binarios como el representado en la Tabla III, la posición de R1 con respecto a H determina si nos hallamos o no ante un tiempo de la esfera del pasado; la posición de R2 con respecto a R1, si nos hallamos ante un tiempo de la subesfera del futuro. Las esferas temporales serían divisiones arbitrarias de la línea con la que nos representamos mentalmente el fluir del tiempo (Declerck 2006: 147-152).

Un sistema como el de la Tabla III nos permite predecir que serán ocho las estructuras y significados temporales posibles en las lenguas naturales: las que resultarían de combinar una de las relaciones temporales de la primera fila con una de las relaciones de la segunda y con otra de las relaciones de la tercera. Lo vemos en la Tabla IV. Adviértase que ha desaparecido ya la estructura temporal del futuro posterior; que el significado para formas verbales como *cantará* es único y que se incluye una fórmula que nos permite dar cuenta del significado temporal de la forma verbal *habría cantado*.

ESTRUCTURA	NUEVO NOMBRE	NOMBRE TRADICIONAL	FORMA VERBAL
(E-R2)(R1,R2)(R1-H)	Pasado anterior	Pretérito pluscuamperfecto	*Había cantado*
(R2,E)(R1,R2)(R1-H)	Pasado simple	Pretérito perfecto simple	*Cantó*
		Pretérito imperfecto	*Cantaba*
(E-R2)(R1-R2)(R1-H)	Ante-pasado posterior	Condicional perfecto	*Habría cantado*
(R2,E)(R1-R2)(R1-H)	Pasado posterior	Condicional	*Cantaría*
(E-R2)(R1,R2)(H,R1)	Presente anterior	Pretérito perfecto compuesto	*Ha cantado*
(R2,E)(R1,R2)(H,R1)	Presente simple	Presente	*Canta*
(E-R2)(R1-R2)(H,R1)	Ante-presente posterior	Futuro perfecto	*Habrá cantado*
(R2,E)(R1-R2)(H,R1)	Presente posterior	Futuro	*Cantará*

TABLA IV. *Inventario de significados temporales según un modelo relacional binario*
(1.ª versión)

Se decía al comienzo del apartado que el Tiempo es una categoría gramatical deíctica. Las fórmulas de la Tabla IV son las ocho formas potenciales de vincular el tiempo del evento oracional con el momento de la enunciación. No obstante, es preciso afinar aún un poco más. Los datos con que se abre el siguiente apartado muestran que E no se presenta siempre de la misma manera. En ello está envuelta la información de Aspecto gramatical.

1.2. LOS SIGNIFICADOS ASPECTUALES O LA IMPORTANCIA DE SUSTITUIR E POR F

Fijémonos en las oraciones de (6):

(6)   A las 17:00 …
        a. su hijo pequeño *hizo* la tarea del cole.
        b. su hijo pequeño *hacía* la tarea del cole.
        c. su hijo pequeño ya *había hecho* la tarea del cole.

En (6a), la expresión *a las 17:00* sirve para situar en la línea temporal con respecto al momento del habla el tiempo completo del evento consistente en hacer su hijo pequeño la tarea del cole. En (6b), no se trataría del tiempo completo del evento, sino tan solo de una parte: el niño pudo haber empezado a hacer su tarea antes de las 17:00 y pudo haber continuado después. Finalmente, en (6c), lo que la expresión temporal está situando en la línea temporal es, necesariamente, algo distinto: el tiempo del estado de cosas que sigue y es consecuencia del evento verbal. Para decirlo de forma sencilla, el tiempo de tener hecha la tarea del cole.

Las diferencias de interpretación descritas arriba se derivan de la información de Aspecto gramatical. Deben tomarse como una descripción provisional y no exhaustiva. Volveré sobre ellas en el próximo capítulo. De momento, es suficiente con que el lector perciba que no es acertado mantener E en las fórmulas temporales. No lo es porque este primitivo, que representa el tiempo total de la situación oracional, solo nos permite dar cuenta de la interpretación de (6a). Lo que necesitamos es un primitivo teórico que remita al tiempo que en realidad nos deja ver la información Aspecto. Este primitivo recibe en Klein (1994a) la denominación de *Topic Time*. En adelante me referiré a él como *tiempo del foco* (F).

Todas las formas verbales de (6) compartirían la misma estructura temporal, pero se diferenciarían unas de otras por sus contenidos de Aspecto gramatical. Sustituyamos en esta estructura E por F, como se muestra en (7). Lo que las distinguiría, a juicio de Klein, es la relación que mantienen el tiempo del foco, otra vez, el tiempo que nos deja ver el Aspecto, con el tiempo del evento, es decir, el tiempo en que transcurre la situación oracional. Lo vemos en los diagramas de (7a-c):

(7)   (R2,F) (R1,R2) (R1-H)
        a. ASPECTO PERFECTIVO: E está incluido en F   ++[----]++
        b. ASPECTO IMPERFECTIVO: F está incluido en E   ++--[----]--++
        c. ASPECTO PERFECTO: F sigue a E   ----++[+++]++

        []: tiempo del foco (F)
        - - - - -: tiempo del evento (E)
        + + + : tiempo anterior o posterior al tiempo del evento

Lo que define al aspecto Perfectivo (7a) es la relación de inclusión de E en T: no hay guiones fuera de los corchetes. Esto quiere decir que el evento se nos presenta en su totalidad, como cerrado, como acotado. El aspecto Imperfectivo se caracteriza por la relación inversa. T está incluido en E: hay guiones fuera de los corchetes. Se nos presenta una parte del tiempo del evento. Por tanto, el evento se nos presenta como abierto, como no acotado o en curso, sin atender a ninguno de sus límites, ni el inicial ni el final. Por último, lo que distingue al contenido de Perfecto es que T se representa incluido en el tiempo de un estado de cosas que sigue a E. Simplificando mucho en este momento, la información de Aspecto sitúa el foco en los resultados del evento.

(6c), *A las 17:00 su hijo pequeño* ya había hecho *la tarea del cole*, nos permite introducir una cuestión sobre la que volveremos más adelante: no existe correspondencia biunívoca entre significados tempo-aspectuales y formas verbales. El significado temporal del pretérito pluscuamperfecto de este ejemplo es equivalente al de los pretéritos perfecto simple e imperfecto de los ejemplos de (6a, b). Es el de un pasado simple. Se recoge en la fórmula de (7): (R2,F) (R1,R2) (R1-H). Sin embargo, el significado tempo-aspectual de ese pluscuamperfecto difiere del que tiene esta misma forma verbal en (8a). El pretérito pluscuamperfecto de (8a) es un pasado anterior. Por eso, la sustitución por una forma verbal con significado de pasado simple provoca agramaticalidad (8b):

(8)   Pensaba que su hijo pequeño
        a. *había hecho* la tarea hacía tres horas. (F-R2) (R1,R2) (R1-H)
        b. **hizo* la tarea hacía tres horas.   (R2,F) (R1,R2) (R1-H)

Pues bien, mientras que el pretérito pluscuamperfecto de (6c) tiene interpretación aspectual de Perfecto, el de (8a) es Perfectivo. Todas las formas verbales compuestas presentan esta misma ambigüedad (Carrasco Gutiérrez 2015: 2-3 y las referencias allí citadas). En (9) se proporciona un nuevo ejemplo, que corresponde al uso del pretérito perfecto compuesto en la variedad del español europeo del centro peninsular (véase 4.1, *infra*). Para facilitar que el lector distinga las interpretaciones aspectuales, utilizaré el adverbio *ya* en los ejemplos en que la forma verbal compuesta tenga lectura de Perfecto (Vlach 1981: 68)[3]:

---

[3] En algunas lenguas del mundo, como el indonesio, el tai, el vietnamita o el chino mandarín, existen elementos gramaticalizados equivalentes al adverbio *ya* del español. En muchas ocasiones estos elementos se traducen por pretéritos perfectos resultativos, como en (i), aunque la coincidencia no es absoluta. El término que se acuñó en el trabajo de Olsson (2013) para ellos es *iamitivos (iamitives* en inglés), del latín *iam*, 'ya'. Véanse Dahl y Wälchli (2016), Dahl (2021 y 2022):

(i)   Indonesio:
        Dia   sudah   membaca buku   ini.
        he   iam   read   book   este
        'Él ya ha leído este libro.'
        [Dahl y Wälchli (2016: 327), ej. 4]

(9)   a. *He enviado* la carta hace una hora. Después me he arrepentido.
        b. *Ya *he enviado* la carta hace una hora.
        c. Ya *he enviado* la carta. Después me {*he arrepentido ~ arrepentiré}.

El pretérito perfecto compuesto Perfectivo es un pasado: sitúa el tiempo que el Aspecto gramatical hace visible, F, como anterior al tiempo de la enunciación. Esto explica que no sea contradictorio afirmar que la carta se ha enviado en un tiempo anterior al de la enunciación y que el autor posteriormente se ha arrepentido de haberlo hecho (9a). Se explica asimismo que podamos determinar de manera más precisa cuál es la posición del tiempo de la situación verbal en la línea temporal recurriendo a expresiones del tipo de *hace una hora*. Como vemos en (9b), esta misma expresión provoca agramaticalidad con el pretérito perfecto compuesto en interpretación de Perfecto, que es un presente: sitúa el tiempo del foco como simultáneo con el momento del habla. La indicación de simultaneidad es la causa además de la agramaticalidad de (9c) con la forma verbal *me he arrepentido*: el adverbio *después* exige que el evento consistente en arrepentirse se interprete como posterior al presente de la secuencia anterior. Con esta exigencia cumple solo la forma verbal con indicación de futuro *me arrepentiré*.

La Tabla V recoge ya las dos interpretaciones de las formas verbales compuestas:

ESTRUCTURA	NUEVO NOMBRE	NOMBRE TRADICIONAL	FORMA VERBAL
(F-R2)(R1,R2)(R1-H)	Pasado anterior	Pret. pluscuamperfecto (Perfectivo)	*Había cantado*
(R2,F)(R1,R2)(R1-H)	Pasado simple	Pretérito perfecto simple	*Cantó*
		Pretérito imperfecto	*Cantaba*
		Pret. pluscuamperfecto (Perfecto)	*(ya) Había cantado*
(F-R2)(R1-R2)(R1-H)	Ante-pasado posterior	Condicional perfecto (Perfectivo)	*Habría cantado*
(R2,F)(R1-R2)(R1-H)	Pasado posterior	Condicional	*Cantaría*
		Condicional perfecto (Perfecto)	*(ya) Habría cantado*
(F-R2)(R1,R2)(H,R1)	Presente anterior	Pret. perfecto compuesto (Perfectivo)	*Ha cantado*
(R2,F)(R1,R2)(H,R1)	Presente simple	Presente	*Canta*
		Pret. perfecto compuesto (Perfecto)	*(ya) Ha cantado*
(F-R2)(R1-R2)(H,R1)	Ante-presente posterior	Futuro perfecto (Perfectivo)	*Habrá cantado*
(R2,F)(R1-R2)(H,R1)	Presente posterior	Futuro	*Cantará*
		Futuro perfecto (Perfecto)	*(ya) Habrá cantado*

TABLA V. *Inventario de significados temporales según un modelo relacional binario (2.ª versión)*

Fórmulas del estilo de las de la Tabla V son las que se han propuesto para codificar y restringir los significados temporales posibles en las lenguas naturales. En ellas el significado temporal se representa de una única manera; los posibles significados aspectuales se deducen, en cambio, a partir de la relación entre F y E.

Ante este tipo de fórmulas cabe hacerse algunas preguntas:

1. ¿Agotan los significados aspectuales representados en (7) las relaciones posibles entre E y F?
2. ¿Podemos interpretar la relación entre E y F al menos de las tres maneras que se indican en (7) para cada una de las ocho fórmulas temporales con las que se representarían los significados temporales en las lenguas naturales?
3. ¿Existen formas verbales diferenciadas para la expresión de todas las combinaciones posibles de significados temporales y aspectuales?

Me ocuparé de estas preguntas en los dos próximos capítulos. Antes de cerrar el capítulo 1 querría advertir de que hemos llegado a uno de esos puntos en que el camino nos ofrece varios desvíos. Me detendré brevemente en ellos en el apartado 1.3.

1.3. NADA ES VERDAD NI MENTIRA. TODO ES DEL COLOR...

1.3.1. *A propósito de la presencia o ausencia de R*

Como se adelantó en la introducción, una de las preguntas que resultan pertinentes si se adopta un planteamiento contrastivo es cuántos significados temporales son posibles en las lenguas naturales. Hemos visto en 1.1 que la forma de responder a esta pregunta es idear un mecanismo para restringir estos significados: construir fórmulas temporales en que se limiten tanto los primitivos teóricos a partir de los cuales obtener los significados como las relaciones entre ellos. No obstante, pensemos por un momento en que nuestro interés no resida ahí, sino en procurar una descripción detallada de los significados temporales de una lengua en particular. En ese caso, podrían proponerse fórmulas más sencillas en las que la presencia o ausencia de R fuera un recurso para reflejar diferencias de contenido. Veamos un ejemplo tomado del español.

El ejemplo atañe a las fórmulas temporales de los pretéritos perfecto simple (*canté*) e imperfecto (*cantaba*). En nuestra lengua se ha defendido la consideración del pretérito perfecto simple como tiempo verbal *absoluto*. Por el contrario, el pretérito imperfecto se ha tomado como *relativo*. Para distinguir entre los tiempos absolutos y los relativos hay que tener en cuenta que solo en los primeros las relaciones temporales de anterioridad, simultaneidad o posterioridad se establecerían de manera directa entre el tiempo del evento y el del habla. No haría falta recurrir a ningún otro intervalo, a diferencia de lo que ocurre con los tiempos relativos. Pues bien, una forma de reflejar la distinta consideración que merecen los pretéritos perfecto simple e imperfecto sería no incluir R en la fórmula temporal del pretérito perfecto simple (véase 10a) y sí hacerlo en la del pretérito imperfecto (véase 10b):

> (10)   Su hijo pequeño…
>   a. *hizo* la tarea del cole.   E-H
>   b. *hacía* la tarea del cole.   E,R-H

De esta manera, se querría indicar que el pretérito perfecto simple, como tiempo absoluto, ancla el tiempo del evento al momento del habla directamente, mientras que el pretérito imperfecto, como tiempo relativo, lo anclaría directamente a un intervalo temporal distinto del momento del habla. El pretérito perfecto simple sería un verdadero pretérito; el imperfecto, en cambio, sería un *copretérito*, pues indicaría en primer lugar simultaneidad con respecto a un tiempo de referencia que proporcionaría el contexto. Es la denominada *hipótesis temporal*, que en la tradición hispánica hunde sus raíces en Bello (1841).

En los ejemplos de (10), no aparece ninguna expresión adverbial. Compárense con los ejemplos de (11):

> (11)   A las 17.00, su hijo pequeño…
>   a. *hizo* la tarea del cole.   E-H
>   b. *hacía* la tarea del cole.   E,R-H

La expresión temporal *a las 17:00* representa en (11b) el tiempo con respecto al cual *hacía* expresa simultaneidad. Modifica R. En (10b) lo tendríamos que inferir del contexto. Pero fijémonos en que en la fórmula temporal del pretérito perfecto simple de (10a) y (11a) no existe un tiempo de referencia. Por lo tanto, *a las 17:00* en (11a) solo puede modificar a E. En (10a) tendríamos que obtener la información del contexto. La única ventaja de este planteamiento es que pretende reflejar mediante la introducción de R en la fórmula temporal una característica que a menudo se atribuye al imperfecto: su falta de independencia referencial. Repárese, no obstante, en que esto lleva aparejada también una clara desventaja:

la función de las expresiones temporales del tipo de *a las 17:00* tiene un peor encaje teórico, pues unas veces parecen situar E en la línea temporal y otras R.

Desde el planteamiento aspectual que en este libro estoy asumiendo, la dependencia referencial del pretérito imperfecto se desprende de la naturaleza del intervalo que focaliza el aspecto Imperfectivo: se trata de un intervalo no acotado. Como se sostiene en Leonetti (2000: 489):

> ... si se tiene en cuenta que el IMP, como pasado imperfectivo, codifica la instrucción de situar en el pasado una situación no delimitada, y que una situación sin límites temporales requiere un marco en el que integrarse para poder ser situada y ordenada temporalmente con respecto a otros eventos, entonces el carácter anafórico es un efecto producido por una propiedad más básica, semántica, que es la imperfectividad.

La fórmula temporal de los pretéritos perfecto simple e imperfecto sería, pues, la misma. A las expresiones temporales del tipo de *a las 17:00* se les reserva también una única función: modificar F, el tiempo de la situación oracional que hace visible la información de Aspecto gramatical.

1.3.2. *El valor de R*

Un segundo desvío nos llevaría a reconsiderar de nuevo el propio valor de R. En 1.1 veíamos que en modelos binarios como el recogido en la Tabla III, R1 y R2 marcan esferas temporales. En 1.3.1, se advertía de que R se concibe en algunos trabajos como el tiempo adicional de referencia al que se recurre para diferenciar las estructuras temporales de los tiempos relativos. Considérense ahora los ejemplos de (12). Sigo utilizando formas verbales de pretérito imperfecto:

(12)   a. IMPERFECTO CITATIVO: Mañana venía tu primo, ¿no?
        b. IMPERFECTO DE CORTESÍA: Quería hablar contigo, por favor.
        c. IMPERFECTO HIPOCORÍSTICO: ¡Pero si eras tú!
        [Morgado Nadal (2015: 65)]

Dos son los problemas que presentan estos ejemplos para la caracterización del pretérito imperfecto como un pasado Imperfectivo. El primero lo representa (12a). En el valor denominado *citativo*, la forma verbal de pretérito imperfecto no expresa aspecto Imperfectivo, sino Perfectivo. Volveremos sobre este tipo de ejemplos en el apartado 5.2.3, *infra*. El segundo problema lo representan (12a), en que el pretérito imperfecto tiene además contenido temporal prospectivo; y (12b, c), los denominados imperfectos *de cortesía* e *hipocorístico*, que sitúan el tiempo del foco como simultáneo con el momento del habla.

Si nuestro interés no fuera recoger únicamente los significados tempo-aspectuales denominados *primarios* o *rectos*, sino que quisiéramos abarcar además usos *secundarios* o *dislocados* de las formas verbales, como los que se ilustran arriba, podríamos tomar R, el tiempo de referencia, tan solo como uno de los valores de una variable más abarcadora, P (por *punto de aprehensión del proceso*, en Morgado Nadal 2015). Si el contexto no proporciona ningún elemento temporal capaz de actuar como punto de referencia, P podría remitir igualmente a un sujeto de consciencia (C) que se situaría en el pasado y que el destinatario recuperaría inferencialmente. El enunciado pasaría entonces a recibir una interpretación *metarrepresentacional*: podría corresponder a un pensamiento (12c), un deseo (12b) o unas palabras (12a) atribuidos, bien al hablante en otro momento, bien a otro individuo. Es lo que se defiende en Morgado Nadal (2015).

(13)   Pretérito Imperfecto: $P \subset E$
        'P está incluido en E'
        a. Usos temporales primarios o rectos: $P = R$
        b. Usos temporales secundarios o dislocados: $P = C$

Aunque no se dice expresamente, el valor C de esta variable más abarcadora P conecta con las estrategias evidenciales a las que me referiré en el apartado 5.2.3, *infra*.

1.3.3. *Las múltiples caras del futuro*

Y aún un tercer desvío nos llevaría a detenernos en la subesfera del futuro, sobre la que hemos pasado de puntillas. En palabras de Dahl (2006: 704):

> Resulta tentador pensar en el tiempo simplemente como una línea que se extiende en ambas direcciones desde el punto en el que nos encontramos. Sin embargo, a la hora construir una teoría de la semántica temporal, tenemos que reconocer que epistemológicamente lo que tenemos delante —el futuro— es radicalmente distinto tanto de lo que tenemos detrás —el pasado— como de lo que está ocurriendo en este momento —el presente—. Los estados de cosas futuros no pueden percibirse ni recordarse, aunque pueden ser objeto de nuestras esperanzas, planes, conjeturas y predicciones.

Desde un punto de vista tipológico, y sin abandonar las lenguas que establecen sus relaciones temporales a partir de un eje cuyo origen reside en quien habla (denominadas en la bibliografía, *body-based* o *egocentric construals*), la concepción del pasado como algo que dejamos atrás y la del futuro como algo que tenemos delante es solo una opción. No son escasos los ejemplos de lenguas en que es el futuro lo que estaría detrás y el pasado lo que se colocaría delante. En ellas, la palabra para pasado suele ser la misma que para ojo, frente, cara; la palabra para futuro, la misma que para espalda. Lo que subyace a esta conceptualización "es una correlación básica entre 'vista' y 'conocimiento' […] Se conoce lo que se ha visto; y lo desconocido es lo que no se ve" (Escandell-Vidal, en prensa). Pero ahí no acaban las diferencias. Hay lenguas en que el futuro se concibe como algo situado a la derecha y el pasado a la izquierda, o al revés; lenguas en que el eje no es horizontal, sino vertical: el pasado estaría arriba y el futuro debajo; y lenguas en que las relaciones temporales no se establecen tomando al hablante como eje, sino al entorno (*environment-based* o *geocentric construals*) (Gaby y Sweetser 2017).

Which Way Is Tomorrow?
Spatial metaphors for past and future vary around the world.

LANGUAGE	SPATIAL METAPHOR		BASIS OF METAPHOR
English (and many others)	Past = behind, future = in front		Walking forward
English (and many others)	Past = leftward, future = rightward		Writing, calendars, and timelines
Hebrew	Past = rightward, future = leftward		Writing direction
Mandarin	Past = above, future = below		Writing direction
Aymara (South America), Vietnamese	Past = in front, future = behind		Past is known and seen; future is unknown and unseen
Yupno (Papua New Guinea), Tzeltal (Mexico)	Past = downhill, future = uphill		Unknown
Pormpuraaw (Australia)	Past = east, future = west		Path of the sun

Credit: ISTOCK.COM (*walking man, head, uphill* and *sun* icons); ROYAL ASTRONOMICAL SOCIETY Science Source (*Mandarin text*); SCIENTIFIC AMERICAN MIND (*globe*)

En cualquier caso, esta distinta naturaleza del futuro estaría detrás tanto de las irregularidades que se encuentran en las lenguas del mundo a la hora de estructurar los contenidos temporales como de las inevitables conexiones del futuro con el ámbito de la Modalidad. Es conocido que muchas formas de futuro tienen su origen en expresiones de intención o de obligación (Bybee, Perkins y Pagliuca 1994: 254-266). De acuerdo con Escandell Vidal (2018: 27), las formas flexivas de futuro latino son factuales (véase el apartado 4.2, *infra*). Fue su sustitución por la forma inicialmente perifrástica *amare habeo* lo que supuso el abandono de una visión fatalista del tiempo, en que todos los sucesos se concebían como predeterminados, y la introducción de una concepción del futuro como algo abierto.

Desde una perspectiva modal, nuestra línea temporal no sería estrictamente una línea recta o, mejor, no lo sería a partir del momento del habla, en que habría que conceptualizarla como un conjunto de ramas que nos abren múltiples posibilidades (McArthur 1974, MacFarlane 2008). En la Figura I se representaría esta idea.

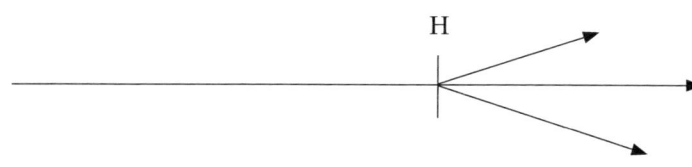

FIGURA I. La "línea" temporal

ACERCAMIENTO RELACIONAL
A LOS SIGNIFICADOS ASPECTUALES

Una de las preguntas que dejé planteadas al final del apartado 1.2 era si los significados aspectuales representados en (7a-c), que repito debajo para mayor comodidad, agotan las relaciones posibles entre el tiempo del evento (E) y el tiempo del foco (F).

(7)   (R2,F) (R1,R2) (R1-H)
      a. ASPECTO PERFECTIVO: E está incluido en F   ++[---]++
      b. ASPECTO IMPERFECTIVO: F está incluido en E   ++--[---]--++
      c. ASPECTO PERFECTO: F sigue a E   ----++[+++]++

      []: tiempo del foco (F)
      - - - - -: tiempo del evento (E)
      + + + : tiempo anterior o posterior al tiempo del evento

Para responder a esta cuestión, propongo partir del conjunto de posibilidades que se recoge en la Tabla VI:

	COINCIDENCIA DE F		
	Con E	**Con un tiempo distinto de E**	
		posterior a E	anterior a E
Ambos límites	PERFECTIVO + + [- - -] + +	¿..? - - [+ + +]	¿..? [+ + +] - - -
Ningún límite	IMPERFECTIVO + + - - [- - -] - - + +	PERFECTO - - + + [+ + +] + +	PROSPECTIVO + + [+ + +] + + - -
Límite izquierdo	¿..? + + **[** - - - **]** - - ++	¿..? - - - **[+ + +**] + +	¿..? **[+ +** +] + + - -
Límite derecho	¿..? ++ - - [- - - **]** + +	¿..? - - + + [+ + **+]**	¿..? + + [+ + **+]** - -

TABLA VI. *Significados aspectuales (1.ª versión)*

El conjunto de posibilidades resulta, por una parte, de combinar los tres elementos con los que se han construido los diagramas anteriores: F, representado por corchetes ([]); E, representado por guiones (- - -); y un tiempo anterior o posterior a E, representado por cruces (+ + +). Fijémonos en que si extendemos la relación de inclusión del tiempo del evento en el tiempo del foco que caracteriza al contenido Perfectivo al tiempo que sigue o precede al evento, obtendríamos dos contenidos más. Aparecen en la primera fila. Del mismo modo, si extendemos la relación de inclusión del tiempo del foco en el tiempo del evento que caracteriza al contenido Imperfectivo, no solo al tiempo que sigue al evento, sino también al que le precede, aparece un nuevo significado. En la bibliografía se ha utilizado la denominación de *prospectivo* para él. Pero, por otra parte, si contemplamos que la relación de coincidencia puede abarcar no solo los dos límites, izquierdo y derecho, del tiempo del evento o del tiempo que le sigue o precede, sino también uno solo de ellos, se abre la posibilidad de considerar la existencia de seis significados más. Se representan esquemáticamente en las dos últimas filas.

La utilidad de esta reflexión sobre significados aspectuales posibles estriba en que nos puede ayudar a entender qué relaciones entre E y F nos dicen algo realmente significativo sobre la gramática de las lenguas naturales y cuáles no.

2.1. SOBRE LOS LÍMITES DERECHO E IZQUIERDO DEL TIEMPO DEL EVENTO

Empecemos por los contenidos aspectuales de la columna de la izquierda. Entre ellos se incluyen dos significados ya vistos: el Perfectivo y el Imperfectivo. Ambos se caracterizan por que existe relación de solapamiento entre E y F. El contenido Perfectivo nos permite hacer una afirmación sobre el tiempo completo del evento verbal: el tiempo del foco incluye tanto el límite izquierdo, el tiempo del inicio del evento, como el límite derecho, el tiempo en que el evento cesa (situaciones *atélicas*, sin un fin natural o intrínseco) o culmina (situaciones *télicas*, con un fin natural o intrínseco). Por el contrario, el contenido Imperfectivo nos permite hacer una afirmación tan solo sobre una parte del tiempo del evento verbal: quedan fuera del tiempo del foco los límites izquierdo y derecho.

Para dar el primer paso, para determinar si los diagramas de las dos últimas celdas de la columna de la izquierda se corresponden con significados aspectuales posibles en las lenguas naturales, debemos reparar en un aspecto relevante: la distinta naturaleza de los límites del evento. Sigamos teniendo en cuenta los contenidos Imperfectivo y Perfectivo. Adviértase que, a pesar de que el momento en que cesa o se interrumpe el evento denotado por una forma verbal Imperfectiva no se afirma, la información de Aspecto no lo hace visible, un evento que se presenta como en curso es necesariamente un evento que ya ha dado comienzo. Por tanto, en el contenido aspectual Imperfectivo, el límite izquierdo no se afirma, pero se infiere[4]. La verdadera diferencia entonces entre el contenido Imperfectivo y el Perfectivo estribaría en el límite derecho: el tiempo del foco incluye este límite derecho en el contenido Perfectivo, pero no lo hace en el Imperfectivo.

Tanto es así que si nos asomamos a otras lenguas advertimos diferencias con respecto al uso de las formas verbales Imperfectivas y Perfectivas que se originan, precisamente, en la manera de concebir ese límite derecho. Lindstedt (1995) distingue entre límites *materiales* y límites *temporales*. El límite material es interno, corresponde al fin natural previsto en el significado de un predicado télico. Por consiguiente, carecen de él los predicados atélicos. El límite temporal es externo: nos permite presentar una situación como cerrada, independientemente de que exista o no un fin natural. Si en una lengua el límite derecho se concibe como temporal, lo que esperamos es que puedan construirse con morfología Perfectiva tanto los predicados télicos como los atélicos. Es lo que ocurre en español. El pretérito perfecto simple de (14B) representa la primera situación: *escribir una carta* y *escribir la carta* son ejemplos de predicados télicos; el de (15B), la segunda: *escribir cartas* y *escribir algunas cartas* son ejemplos de predicados atélicos:

(14)   A: – ¿Qué hizo tu hermano anoche después de cenar?
       B: – Escribió {una ~ la} carta.
(15)   A: – ¿Qué hizo tu hermano anoche después de cenar?
       B: – Escribió (algunas) cartas.

Por el contrario, si en una lengua el límite derecho se concibe como material, lo que esperamos es que solo puedan construirse con morfología Perfectiva los predicados télicos. Es lo que ocurre en ruso. Predicados atélicos como el de (16b) se construyen en esta lengua con morfología Imperfectiva:

(16)   **Ruso:**
       a. *On **na-pisá** -l*   *pis'm-ó.*
          él PFV-escribir-PAST(M)   carta-SG.ACC
          'Él escribió una/la carta.'

---

[4] A la diferente consideración que merecen el inicio y el final de un evento cuando atendemos a una forma verbal Imperfectiva se refería ya Smith (1991: 99-100).

b. *On pisá-l*   *pís'm-a.*
él (IMPFV)escribir-PAST(M)   carta-PL.ACC
'Él escribió (algunas) cartas.'
[Lindstedt (2001: 775), ejs. 4 y 5]

Volvamos ahora a la Tabla VI y fijémonos en las dos celdas inferiores de la columna de la izquierda. En las dos el tiempo del foco incluye uno de los límites del tiempo del evento, bien el izquierdo, bien el derecho:

(17)   a. *Límite izquierdo*:   + + [- - -] - - ++
         b. *Límite derecho*:   ++ - - [- - -] + +

La pregunta que debemos plantearnos es si los contenidos aspectuales hipotéticos que pretenden plasmar estos diagramas se corresponden con contenidos de Aspecto gramatical realmente existentes. Antes de intentar responderla, debemos detenernos brevemente a hacer una aclaración. Fijémonos en los ejemplos de (18):

(18)   a. A las 17:00 su hijo pequeño *empezó a hacer* la tarea del cole.
         b. A las 17:00 su hijo pequeño *terminó de hacer* la tarea del cole.

La perífrasis <*empezar a* + infinitivo> de (18a) se incluye en el *Diccionario de Perífrasis Verbales* (DPV, en adelante) en el grupo de las *incoativas*; la perífrasis <*terminar a* + infinitivo> de (18b), en el grupo de las *terminativas*. Las definiciones proporcionadas para estos significados aspectuales son las siguientes (DPV, pág. 46):

(19)   a. *Aspecto Incoativo* o *Ingresivo*: el Tiempo del Foco coincide con el inicio del Tiempo de la Situación.
         b. *Aspecto Terminativo* o *Egresivo*: el Tiempo del Foco coincide con el final del Tiempo de la Situación.

Según las definiciones de (19), incoativo y terminativo serían contenidos de Aspecto del mismo tipo que los vistos hasta ahora. Podría pensarse, además, que estos contenidos se corresponden con los diagramas de (17). Sin embargo, los datos que a continuación vamos a revisar apuntan a que estas definiciones no son un buen punto de partida.

Empecemos con unos ejemplos sencillos:

(20)   Su hijo pequeño *hizo* la tarea a las 17:00.
         (#A las 19:00 aún seguía haciéndola).
         + + + + [- - -]+ + + + +
                     ⇑
              a las 17:00

Como se adelantaba en el capítulo anterior, las expresiones temporales sitúan el tiempo del foco en la línea temporal. En (20) el significado aspectual Perfectivo de la forma verbal de pretérito perfecto simple nos obliga a entender que el tiempo del evento está incluido en el tiempo del foco, pero puesto que este evento, hacer la tarea, no es puntual, esto es, ocurre en un intervalo y no en un punto, y sí lo es la expresión temporal *a las 17:00*, la interpretación que obtenemos es *ingresiva*. No obstante, la situación oracional debe culminar poco después (García Fernández 1998: 21). Por ello, la oración de (20) es incompatible con una situación en que a las 19:00 su hijo pequeño siga haciendo la tarea[5]. Fijémonos ahora en que esta incompatibilidad no existe en (21):

> (21)   Su hijo pequeño *empezó a hacer* la tarea a las 17:00.
>   (A las 19:00 aún seguía haciéndola).
> $+ + + + [\,\circ\circ\circ\,] - - - -$
> $\Uparrow$
>   a las 17:00

La única implicación de (21) es que más allá de las 17:00 ya no se está en el comienzo de la elaboración de la tarea. Esto hace posible la interpretación de que a las 19:00 la tarea no esté aún hecha. La razón de esta diferencia debe estar necesariamente en que el auxiliar de la perífrasis incoativa, *empezó*, no contribuye a hacer visible el inicio del tiempo de la situación, sino el de una fase inicial. La represento informalmente mediante círculos en el diagrama de 21. Es el tiempo de esta fase el que resultaría, en consecuencia, incluido en F.

La predicción que podríamos hacer a partir de la descripción del significado de la perífrasis incoativa de (19a) es que (20) y (21) deberían ser sinónimas. Pero acabamos de comprobar que esta predicción no se cumple. Del mismo modo, no son sinónimos los ejemplos de (22):

> (22)   a. En verano su hijo pequeño *hizo* la tarea pendiente.
>   b. En verano su hijo pequeño *terminó de hacer la tarea* pendiente.

En verano constituye en (22a), el marco temporal en que se inscribe el tiempo de la situación consistente en hacer la tarea pendiente. No puede ocurrir que la tarea pendiente se hiciera antes de ese periodo del año. En (22b), *en verano* situaría únicamente el tiempo de una fase final y sería posible, en cambio, que la tarea pendiente se hubiera estado haciendo antes del verano.

En los ejemplos (21) y (22b) *empezar* y *terminar* funcionan como *aspectualizadores* (Freed 1979) o morfemas aspectuales *superléxicos* (Smith 1991,

---

[5] Otra importante diferencia entre los límites izquierdo y derecho del tiempo del evento es que no hay evidencias de que puedan obtenerse en las lenguas naturales interpretaciones *egresivas*, esto es, lecturas en que con expresiones temporales como la del ejemplo de (20) pueda apuntarse al final del tiempo de la situación (Smith 1991: 78-79).

1996). Este tipo de morfemas tiene como función proporcionar una visión *reducida* de la situación verbal (Smith 1996: 229-230):

> Los hablantes pueden presentar la situación como un todo, con una visión amplia. O pueden adoptar una visión reducida y hablar de los límites o de un punto intermedio de la situación [...] Las lenguas transmiten las visiones amplia y reducida de diversas maneras. En inglés, las oraciones simples suelen proporcionar la visión amplia, por ejemplo, *Mary built a sandcastle* ('M. construyó un castillo de arena'), y verbos o expresiones que tienen la oración simple como complemento, la visión reducida, por ejemplo, *Mary began building a sandcastle* ('M. empezó a construir un castillo de arena'); *Mary is in the process of building a sandcastle* ('M. está construyendo un castillo de arena'); *Mary finished building a sandcastle* ('M. terminó de construir un castillo de arena').

Que estos auxiliares desvíen la "lente" aspectual del tiempo del evento resuelve otro de los problemas de considerar, de acuerdo con (19), que incoativo y terminativo son contenidos de Aspecto gramatical del mismo tipo que los contenidos Imperfectivo, Perfectivo o Perfecto, a saber, que las perífrasis incoativas y terminativas sean compatibles con todos ellos. Esta compatibilidad es realmente sorprendente si todos estos significados pertenecieran a la misma categoría. En (21), la perífrasis incoativa se construye con una forma verbal Perfectiva; en (23a) y (23b), respectivamente, con formas verbales que expresan contenidos aspectuales Imperfectivo y de Perfecto. Los ejemplos de (22b) y (24) corroboran el mismo comportamiento de la perífrasis terminativa <*terminar de* + infinitivo>:

(23)   a. Ana bajó a tirar la basura mientras Juan *empezaba a hacer* la cena.
         b. A las 20:00 Juan ya *había empezado a hacer* la cena.
(24)   a. Ana bajó a tirar la basura mientras Juan *terminaba de hacer* la cena.
         b. A las 20:00 Juan *ya había terminado de hacer* la cena.

Observe el lector que la combinación de las perífrasis incoativas y terminativas con la morfología verbal vinculada a los contenidos de Aspecto gramatical que ofrecen una visión amplia sobre la situación desvela cuestiones de alcance muy interesantes. Con estas perífrasis focalizamos fases iniciales y finales de los eventos, pero es la información de Aspecto la que nos permite presentar el tiempo de estas fases como acotado (21, 22b), como en curso (23a, 24a) o como anterior al tiempo que hace visible la modificación adverbial (23b, 24b). Volveré sobre este asunto en 2.3.1.

Estas cuestiones de alcance pueden quedar plasmadas en una estructura como (25). Tomamos la etiqueta *Aspecto de Fase* de Dik (1997). Lo que este esquema significa es que los auxiliares de las perífrasis de los ejemplos anteriores, esto es, los aspectualizadores o morfemas superléxicos, se generarían más cerca del predicado verbal y tomarían posteriormente sus marcas tempo-aspectuales:

(25)   [Tiempo [Aspecto [*Aspecto de Fase* [SV ...]]]]

Podemos volver ya a la pregunta que nos hacíamos arriba: si los contenidos aspectuales representados en (17) se corresponden con contenidos de Aspecto gramatical realmente existentes. Pues bien, la predicción es que el contenido de (17a) sí, pero el de (17b) no. El primero haría visible el comienzo del tiempo del evento, pero no nos permitiría hacer ninguna afirmación sobre su cese o culminación. El segundo haría visible el tiempo de su cese o culminación, pero no nos permitiría hacer ninguna afirmación sobre su inicio. El lector ya habrá advertido el problema: un evento que llega a su culminación o cesa es necesariamente un evento que ha tenido un comienzo, esto es, un evento cuyo límite izquierdo se infiere. Por tanto, el contenido aspectual hipotético de (17b) no sería muy distinto del contenido aspectual Perfectivo. Esta es la razón por la que en la siguiente tabla no aparece la celda correspondiente. La misma reflexión me lleva a eliminar igualmente las dos celdas de la última fila en las columnas en que se recoge la relación de coincidencia de F con un tiempo posterior o anterior al del evento: el contenido aspectual representado en los diagramas de estas celdas no diferiría del representado en los diagramas de las celdas de la primera fila.

		COINCIDENCIA DE F		
		Con E	Con un tiempo distinto de E	
			posterior a E	anterior a E
Se focaliza el límite derecho		PERFECTIVO + + [- - -] + +	¿..? - - - [+ + +]	¿..? [+ + +] - - -
No se focaliza el límite derecho	No se focaliza el límite izquierdo	IMPERFECTIVO + + - - [- - -] - - + +	PERFECTO - - + + [+ + +] + +	PROSPECTIVO ++ [+ + +] ++ - -
	Se focaliza el límite izquierdo	CONTINUATIVO + + [- - -( ]) - - + +	¿..? - - - [+ + +( ]) + +	¿..? [+ + +( ]) + + - -

TABLA VII. *Significados aspectuales (2.ª versión)*

En la Tabla VII se introduce la etiqueta *Continuativo* (Zidatiβ 1978, García Fernández 2000a) en la última celda de la columna de la izquierda.

En lenguas como el español este contenido no se manifiesta por medio de morfología flexiva específica, pero sí existen perífrasis continuativas. Una de ellas es <*llevar* + gerundio> (DPV, *s.v*)[6]. Considérense (26) y (27):

(26)   *Llevo* desde marzo *trabajando en Correos*
        a. y estoy encantada.
        b. *, pero ahora estoy en SEUR.

(27)   *Llevaba* desde marzo *trabajando en Correos*
        a. * y estoy encantada.
        b. , pero ahora estoy en SEUR.

$$\text{H}$$

$$+ + [\text{- - - - - -}] \,(\text{- -})\; + +$$

desde marzo

El SP *desde marzo* de los ejemplos anteriores sitúa como anterior a H el límite izquierdo del tiempo del foco, el inicio del tiempo de la situación consistente en trabajar en Correos. Pero esta situación se extiende al menos hasta el momento de la enunciación. A partir de ahí, es el contexto, lingüístico o extralingüístico, el que permite determinar si el evento prosigue (26a) o no (27b). En las oraciones de nuestros ejemplos, la primera interpretación se consigue con el tiempo presente; la segunda, con el pretérito imperfecto. Esta doble posibilidad de que el tiempo del evento se extienda o no más allá del tiempo del habla se ha querido representar en el diagrama de la Tabla VII por medio de un paréntesis[7].

Pongamos un ejemplo más. Imagínese el lector con un cronómetro controlando la resistencia de un corredor. La forma verbal *lleva* de (28a) sería la más natural si usted comprueba que el corredor sigue corriendo transcurridas dos horas. En cambio, si al cabo de las dos horas el corredor se para, la forma más natural sería *llevaba* (28b):

(28)   a. *Lleva corriendo* dos horas. ¡Batirá su propio récord!
        b. *Llevaba corriendo* dos horas. ¡Qué pena: no podrá batir su propio récord!

Expresa también Continuativo la perífrasis <*venir* + gerundio> (DPV, *s.v.*). Doy un ejemplo en (29). En (30) comprobamos que funcionan del mismo

---

[6] En (59c), *infra*, doy un ejemplo también de <*llevar* + participio>. Para la combinación del auxiliar con otro tipo de categorías, el lector puede consultar Gómez Rubio (2022).

[7] Para mayor simplicidad, en estos ejemplos y en los que siguen el evento se extiende hasta H, pero el eje de la deixis puede situarse en algún punto del pasado (i) o del futuro (ii):

(i)   (Cuando me encontraste ayer), llevaba caminando por el monte toda la tarde.
        [Camus (2004: 532), ej. 41]
(ii)   Cuando suenen las campanadas de medianoche, llevaré dos horas durmiendo.

modo las perífrasis equivalentes del gallego:

(29)   Desde 1974 se han venido realizando estos experimentos.
        [RAE y ASALE (2009: §28.14k)]
(30)   a. Levo aquí nove días traballando a xornal [...]
        'Llevo aquí nueve días trabajando en el periódico.'
        b. Levaba tantos anos decindo o mesmo!
        '¡Llevaba tantos años diciendo lo mismo!'
        c. Has de saber que eu dende pequeñiño veño poñendo un ovo
        todo los días a media noite o mesmo que as galiñas.
        'Has de saber que desde pequeñito vengo poniendo un huevo
        todos los días a medianoche, como las gallinas.'
        [Rojo (1974a: 109 y 111)]

Finalmente, en la mayor parte de las áreas americanas, especialmente, en la andina, caribeña y centroamericana, se emplea <*tener* + gerundio> (RAE y ASALE 2009: §28.15g) (31):

(31)   ¿Cuánto tiempo tienes viviendo aquí [...]?
        [RAE y ASALE (2009: §28.15g)]

Si nos fijamos en el diagrama que representa el contenido aspectual Continuativo, advertimos enseguida que coincide en parte con el del Perfectivo y en parte también con el del Imperfectivo. Igual que el primero, el tiempo del foco incluye el límite izquierdo del tiempo de la situación; igual que el segundo, no se afirma el límite derecho. Este carácter híbrido estaría en el origen de una característica muy llamativa: que en combinación con expresiones temporales del estilo de las que estamos utilizando (Iatridou, Anagnostopoulou e Izvorsky 2001, Gómez Rubio 2022) y bajo determinadas condiciones relativas al Modo de Acción de los predicados (véase el apartado de *Bibliografía comentada)* admitan interpretaciones Continuativas tanto las formas verbales con las que se expresa aspecto Imperfectivo (32), como formas verbales compuestas Perfectivas (García Fernández 2004) (33). Todos los ejemplos admiten formas verbales progresivas que por simplicidad estoy ignorando:

(32)   a. *Trabajo* en Correos desde marzo. Estoy encantada.
        b. {*Trabajo* ~ *Trabajaba*} en Correos desde marzo. Ahora estoy en
        SEUR.
(33)   a. *He trabajado* en Correos desde marzo. Estoy encantada.
        b. {*He trabajado* ~ *Había trabajado*} en Correos desde marzo. Ahora
        estoy en SEUR.

Con el presente expresamos que el evento puede prolongarse más allá del tiempo de la enunciación (32a). Para indicar que el evento llega únicamente hasta H, empleamos el pretérito imperfecto y el pluscuamperfecto (32b y 33b). Los ejemplos de (33a, b) nos muestran, por último, que el pretérito perfecto compuesto puede emplearse en ambas situaciones (véase 4.1.2, *infra*). Esta es una característica diferenciadora con respecto a otras lenguas. El pretérito perfecto compuesto del inglés admite la interpretación Continuativa (véase 34), pero estaría excluido en (33b), como muestran los ejemplos paralelos de (35):

(34)   **Inglés**:
        a. David has run for two hours now/for the last two hours.
          'D. ha estado corriendo durante dos horas/durante las últimas dos horas.'
          [Zidatiβ (1978: 344), ej. 14]
        b. John has loved Mary ever since he met her/for the last/past five months.
          'J. ha amado a M. desde que la conoció/durante los últimos/pasados cinco meses.'
          [Zidatiβ (1978: 347), ej. 22]

(35)   a. *She has been sick at least/ever since 1990 but she is fine now.
          'Ha estado enferma al menos/desde 1990, pero ahora está bien.'
        b. *She has always lived here but she doesn't anymore.
          'Ella siempre ha vivido aquí, pero ya no.'
          [Iatridou, Anagnostopoulou e Izvorsky (2001: 195), ejs. 6a, 6b]

Tampoco las formas verbales Imperfectivas del inglés admiten interpretación Continuativa:

(36)   **Inglés**:
        a. *I am sick since yesterday.
          'Estoy enfermo desde ayer.'
         b. *I was sick since 1990.
          'Estaba enfermo desde 1990.'
          [Iatridou, Anagnostopoulou e Izvorsky (2001: 199), ejs. 17b, 17c]

La interpretación Continuativa se obtiene en español con todas las formas verbales compuestas en su interpretación Perfectiva (37), pero no es posible con la forma verbal Perfectiva de pretérito perfecto simple (38):

(37)   a. Cuando suene la alarma, yo *habré corrido* sin parar durante dos horas.
        b. Cuando sonara la alarma, él *habría corrido* sin parar durante dos horas.

(38)   a. *Corrió* sin parar desde las 17:00 *(, y sigue. ¡Batirá su propio récord!).
        b. *Corrió* sin parar desde las 17:00 *(. ¡Qué pena que pare: no podrá batir su propio récord!).

Este hecho puede tener que ver con la distinta forma de expresar anterioridad de las primeras. Solo los tiempos compuestos tienen la posibilidad de expresar pasado en un periodo de tiempo que se extiende hasta el tiempo de referencia (Zidatiβ 1978).

Cierro este apartado con ejemplos de formas verbales con interpretación Continuativa en otras lenguas: italiano (39), francés (40)[8] y búlgaro (41b):

(39)　**Italiano**:
　　　a. Giovanna ammira Massimo da molto tempo.
　　　'G. admira a M. desde hace mucho tiempo.'
　　　[Bertinetto (1986: 261), ej. 44]
　　　b. Finora ho abitato a Torino.
　　　'Hasta ahora he vivido en Turín.'
　　　[Bertinetto (1986: 419), ej. 23a]

(40)　**Francés**:
　　　a. Je connais Jean (depuis dix ans).
　　　'Conozco a J. (desde hace diez años).'
　　　b. J'ai connu Jean (*depuis deux ans).
　　　'Conocí a Jean (*desde hace dos años).'
　　　[Guéron (2015: 96), ejs. 7a, 7d]

(41)　**Búlgaro**:
　　　a. Tja e izpila　　　　vinoto (# no ne znam　　　dali　　go e
　　　　she is drink-PERF.PART　the-wine but not know-1sG　whether it is
　　　　izpila　cjaloto.
　　　　drunk- PERF　all
　　　　'Ella se ha bebido el vino (#pero no sé si se lo acabó).'
　　　b. Az sum pila　　　　vinoto　ot　　　sutrinta　　　nasam.
　　　　I am drink-NEUT.PART the-wine from the-morning till-now
　　　　'He estado bebiendo el vino desde por la mañana.'
　　　　[Iatridou, Anagnostopoulou e Izvorsky (2001: 210), ejs. 38a, 39]

El búlgaro es una lengua que marca el participio con distinta morfología aspectual. Con las formas compuestas no puede obtenerse la lectura Continuativa si el participio se forma sobre una base Perfectiva como la de (41a), con la que se presenta el evento como acotado. Se obtiene, en

---

[8] La interpretación Continuativa es la única interpretación disponible para el pretérito perfecto compuesto en portugués. Para datos del portugués hablado en la zona noreste de Brasil, véase Laca (2010) y las referencias allí citadas; para el portugués europeo, Oliveira y Leal (2012, 2018) y Oliveira, Leal y Silva (2015). En todos estos trabajos se aborda la exigencia de iteratividad del evento con predicados no estativos. Baste el contraste entre (i) y (ii) para ilustrarlo:

(i)　　Pedro tem dormido na varanda o inverno inteiro.
　　　'P. ha estado durmiendo en el balcón todo el invierno.'
(ii)　　#O urso tem dormido na sua caverna o inverno inteiro.
　　　'El oso ha estado durmiendo en su cueva todo el invierno.'
　　　[Laca (2010: 9), ejs. 19a, b]

Dado nuestro conocimiento del mundo, (ii) es inaceptable porque el evento consistente en dormir se entiende como único e ininterrumpido si la entidad envuelta en él es un oso y el periodo abarca todo el invierno. Por el contrario, el mismo evento y para el mismo intervalo de tiempo se entiende como múltiple si la entidad envuelta en él es una persona.
　　Sobre el sistema tempo-aspectual del portugués, pueden consultarse Oliveira y Lopes (1995) e Ilari, Oliveira y Basso (2019).

cambio, con participios formados sobre una base con contenido aspectual Neutro[9], que expresa que el evento verbal no ha cesado ni se ha interrumpido (41b).

2.2. SOBRE ESTAR DELANTE O DETRÁS DEL TIEMPO DEL EVENTO

Vayamos ahora a las dos columnas restantes de la Tabla VII. En la columna del centro aparece otro significado aspectual ya visto, el de Perfecto, y en la de la derecha, su imagen especular, el Prospectivo, el cuarto contenido aspectual propuesto por Klein (1994a).

(42)	a. PERFECTO	- - + + [+ + +] + +
	b. PROSPECTIVO	++ [+ + +] ++ - -

Como ya sabemos, del primero se dice que hace visible el tiempo del estado de cosas que sigue al tiempo del evento. Recuérdese que en un ejemplo como el de (6c), *A las 17:00 su hijo pequeño ya había hecho la tarea del cole,* esto significaría que lo que se sitúa en la línea temporal no es el tiempo del evento consistente en hacer la tarea, sino el tiempo de tener la tarea hecha. Me fijo de momento para mayor simplicidad en la variedad del Perfecto denominada *resultativa,* restringida a predicados télicos, esto es, que incorporan léxicamente un fin natural. Del mismo modo, del Prospectivo se dice que hace visible el tiempo de un estado de cosas que precede al tiempo del evento. En español este último contenido se expresaría por medio de la perífrasis <*ir a* + infinitivo>. Nótese que el ejemplo de (43) nos situaría en un tiempo anterior al del evento consistente en llover. En ese tiempo un dato como la presencia de nubes negras y compactas en el cielo, por ejemplo, se tomaría como anuncio de lluvia:

(43)   *Va a llover.* Nos quedamos en casa.

Hagamos un alto en el camino y aprovechemos para hacernos una pregunta: ¿tienen algo en común las tareas escolares y las nubes que anuncian tormenta? Dicho de otro modo: ¿pueden caracterizarse de la misma manera el tiempo que sigue y el tiempo que precede al tiempo de un evento?; y antes que esa pregunta esta otra: ¿qué hay exactamente detrás o delante del tiempo de un evento? Estas preguntas han sido clave en dos trabajos en que se propone reconsiderar la manera de entender los significados aspectuales de Perfecto y Prospectivo: Carrasco Gutiérrez (2015) y Bravo (2017).

---

[9] Iatridou, Anagnostopoulou e Izvorsky (2001) toman de Smith (1991) el término *neutro* para denominar a este contenido aspectual. Les interesa destacar que no se hace visible el límite derecho del evento. En el capítulo siguiente me detendré en la propuesta de Smith (1991).

Ambos trabajos parten de la misma premisa: en la línea temporal con la que nos representamos mentalmente el fluir del tiempo situamos únicamente eventos. En otras palabras, solo a los eventos les asignamos localización temporal. No podemos asignar localización temporal a los intervalos, al tiempo que precede o sigue a un evento, porque los intervalos son la materia de la que está constituido el tiempo real. Utilizando la metáfora de la cuerda de la ropa de Jaszczolt (2009), los eventos serían a la línea temporal lo que a la cuerda donde las colgamos las distintas prendas que sacamos húmedas de la lavadora. Localizar temporalmente tiene su equivalente en el acto de colgar: decir que situamos en la línea temporal parte del tiempo que sigue a un evento o parte del tiempo que le precede sería como decir que colgamos en nuestra cuerda otros trozos de cuerda.

Sin embargo, esta premisa deriva en conclusiones muy distintas: mientras que para Carrasco Gutiérrez (2015) el de Perfecto sería propiamente un contenido aspectual, Bravo (2017) propone que la perífrasis <*ir a* + infinitivo> en ejemplos como el de (43) se incluya entre las modales (véanse también Dahl 2000 y Copley 2009). La clave está en que con el Perfecto es posible reinterpretar las cruces que encierran los corchetes de (42a) como guiones, como tiempo del evento. Esta solución no sería posible en (42b). Veamos.

Para reinterpretar las cruces que encierran los corchetes de (42a) como guiones en el diagrama del Perfecto, es necesario incorporar a la descripción un nuevo ingrediente: la estructura subeventiva de las situaciones. La idea básica es que los eventos pueden ser analizados en unidades más pequeñas. Estas unidades más pequeñas, estos átomos, son estados. Baste como ilustración rápida la parte de la tipología de Moreno Cabrera (2003) relevante para los propósitos actuales[10]:

(44) ESTADOS: **e**
    a. *Ser mejorable la tarea*
       P(i): mejorable (tarea)
    b. *Estar allí la tarea*
       L(i): allí (tarea)

(45) PROCESOS: **e** $\Rightarrow$ (**...**) **e**
    a. *Correr por el parque* $\qquad c_1 \Rightarrow c_2 \Rightarrow ,..., \Rightarrow c_n$
    b. *Hacer la tarea* $\qquad c_{origen} \Rightarrow c_1 \Rightarrow c_2 \Rightarrow ,..., \Rightarrow c_{meta}$
    c. *Marcar un gol* $\qquad c_{origen} \Rightarrow c_{meta}$

e: estado
$\Rightarrow$: relación de transición
i: entidad; P: propiedad; L: localización

---

[10] Remitimos al lector a este trabajo para referencias a otras propuestas sobre estructura subeventiva.

(44a, b) son ejemplos de predicados estativos. Los predicados estativos son sucesos consistentes en la relación, bien entre una entidad y una propiedad (*estado atributivo*), bien entre una entidad y una localización (*estado locativo*). (45a-c) son ejemplos de *procesos*. Los procesos se conciben como relaciones de transición entre al menos dos estados que tienen en común que en ellos participa la misma entidad. Moreno Cabrera (2003) distingue un tercer tipo de suceso: las *acciones*, que se conciben como relaciones de agentividad o causatividad entre procesos y entidades. Los procesos de (45a-c) pasarían a considerarse acciones si se añade una entidad que los origine, controle o sea responsable de que se produzcan.

Las diferencias entre los distintos tipos de procesos se determinan atendiendo a dos criterios: si existen o no estados intermedios entre el inicial y el final; y si esos estados inicial y final se pueden caracterizar como estados *origen* y *meta*. El primer criterio permite distinguir entre sucesos instantáneos como el de (45c) y no instantáneos, como los de (45a, b). El segundo criterio, entre los sucesos télicos de (45b, c) y el atélico de (45a).

El proceso de (45c) carece de estados intermedios entre el estado inicial, consistente en no estar marcado un gol, y el estado final, consistente en estar marcado un gol. Denominaremos a estos estados *origen* (e_{origen}) y *meta* (e_{meta}), respectivamente, para distinguirlos de los estados iniciales (e_i) y finales (e_n) no determinados léxicamente[11]. La inexistencia de estados intermedios o, lo que es lo mismo, la relación de contigüidad temporal entre los estados origen y meta es la causa del carácter instantáneo de este tipo de situaciones. Una de las pruebas gramaticales en que se sustenta esta caracterización es la incompatibilidad de los procesos instantáneos con el aspecto Imperfectivo, que conlleva, como sabemos, una relación de inclusión del tiempo del foco en el tiempo del evento[12]:

(46)   #El nuevo fichaje *marcaba* un gol a las 20:00.

Para que el Imperfecto no resulte rechazado hemos de entender que las ocurrencias del evento puntual son múltiples, como en (47). El tiempo del foco resulta aquí incluido en el tiempo de un evento complejo o *macroevento* constituido por microeventos puntuales consistentes en marcar un gol a las 20:00. Así se describen los hábitos en trabajos como Bertinetto (1994) (véase 2.3.3, *infra*).

(47)   El nuevo fichaje *marcaba un gol* a las 20:00 en cada partido.

---

[11] Tomo de García Fernández (2006) la distinción entre estados inicial y final determinados o no léxicamente.

[12] (46) es aceptable en la interpretación de imperfecto narrativo, que aquí no es relevante.

Los procesos de (45a, b) no son instantáneos. Por eso, son compatibles con el aspecto Imperfectivo:

(48)   a. A las 20:00, Juan *corría por el parque.*
         b. A las 20:00, su hijo pequeño *hacía la tarea.*

Se distinguen por envolver más de una transición entre estados o, lo que es lo mismo, por incluir estados intermedios entre los estados inicial y final. Estos estados intermedios reciben el nombre de *trayectoria.* Aparecen subrayados en los diagramas de arriba. Hay procesos no instantáneos orientados a la trayectoria, sin estados inicial o final determinados léxicamente, como el de (45a); y procesos no instantáneos no orientados a la trayectoria, como el de (45b), que tiene un estado inicial (no estar hecha la tarea) y un estado final (estar hecha la tarea) determinados léxicamente.

Las oraciones de (49) nos muestran además que los sucesos que están orientados a la trayectoria no son compatibles con expresiones temporales del tipo de *en dos minutos* (véase 49a), a diferencia de los que no están orientados a la trayectoria (véase 49b). Estas expresiones temporales también pueden modificar a predicados que denotan sucesos instantáneos. Lo vemos en (49c). Nótese, sin embargo, la distinta interpretación que se obtiene. Con el suceso no instantáneo de (49b) *en dos minutos* mide la trayectoria; en otras palabras, el intervalo que separa el estado inicial y el estado final. Con el suceso instantáneo de (49c), *en dos minutos* representa un intervalo que tendría como límite izquierdo un momento determinado contextualmente y como límite derecho el momento en que se produce la única transición entre el estado inicial, consistente en no estar marcado un gol, y el final, consistente en estar marcado un gol:

(49)   a. *Juan corrió por el parque *en dos minutos.*
         b. Hizo la tarea *en dos minutos.*
         c. Marcó un gol *en dos minutos.*

Los estados de Moreno Cabrera (2003) vendrían a equivaler a los estados de Vendler (1957); los procesos enfocados a la trayectoria, a las actividades; los procesos no instantáneos con estado origen y meta se corresponderían con las realizaciones; y los instantáneos, con los logros[13]. El modelo clásico de Vendler no considera la estructura subeventiva de los predicados. El parámetro de la *dinamicidad* remite a la posibilidad de un evento de experimentar cambio o progreso; el de la *duración*, a la de extenderse en el tiempo; el de la *telicidad*, a no ser homogéneo, a incluir un fin natural.

---

[13] Las acciones heredan la estructura aspectual de los procesos: *Juan marcó un gol* sería una acción de logro; *Juan corrió por el parque*, una acción de actividad; y *Juan llenó la piscina*, una acción de realización (véase Moreno Cabrera 2011: 10).

	DINAMICIDAD	DURACIÓN	TELICIDAD	
ESTADOS	-	+	-	*Ser feliz*
ACTIVIDADES	+	+	-	*Correr por el parque*
REALIZACIONES	+	+	+	*Hacer la tarea*
LOGROS	+	-	+	*Marcar un gol*

TABLA VIII. *Clasificación de Modos de Acción*
(Vendler 1957)

Pues bien, tras esta breve introducción a la noción de 'estructura subeventiva' y a algunas distinciones elementales, podemos volver a (42a). La propuesta de Carrasco Gutiérrez (2015), muy sucintamente, consiste en entender que las cruces que encierran los corchetes están en realidad por el tiempo de una parte de la estructura subeventiva de los predicados télicos: el estado final o meta. Fijémonos en el diagrama de (50):

(42a)   PERFECTO   - - + + [+ + +] + +
(50)   A las 17:00 su hijo pequeño ya había hecho la tarea del cole.
         $hecha_{origen}$ (tarea) $\Rightarrow$ $hecha_{1/10}$ (tarea) $\Rightarrow$ $hecha_{2/10}$ (tarea) $\Rightarrow$, ..., $\Rightarrow$
         $hecha_{9/10}$ (tarea) $\Rightarrow$ {$hecha_{meta}$ (tarea)}

Los estados de la estructura subeventiva de la situación denotada por *hacer la tarea* están representados por la propiedad *hecha* y la entidad de la que se predican, *tarea*. Con las llaves se quiere expresar que el tiempo del foco está incluido en el tiempo de ese estado final, en el tiempo consistente en estar hecha la tarea escolar. Los subíndices indican la adquisición gradual de la propiedad denotada por el participio, que se ha segmentado convencionalmente en diez partes (Moreno Cabrera 2011). Como vemos en (51), estos estados intermedios pueden ser modificados de manera independiente por adverbios como *apenas, medio, casi, totalmente*:

(51)   La tarea de cole está {*apenas ~ medio ~ casi ~ totalmente*} hecha.

Concebir la trayectoria de la estructura subeventiva de un predicado télico del tipo de *hacer la tarea* como una serie de estados que encierran propiedades cualitativamente diferentes (*hecha*$_{origen}$, *hecha*$_{1/10}$, etc.) es lo que permite explicar por qué los tiempos compuestos de los predicados atélicos no pueden recibir nunca interpretación de Perfecto resultativo. Vemos un ejemplo en (52):

(52)   #A las 17:00 Juan *ya había corrido* por el parque.

Como señalan Moens y Steedman (1988: 19), (52) podría entenderse como un ejemplo de Perfecto resultativo únicamente si correr por el
parque formara parte de un plan preconcebido o fuera una tarea que
Juan tiene que realizar antes de continuar con otro asunto. Si ignoramos
estos posibles contextos, (52) es inaceptable. Lo es porque los estados que
constituyen la trayectoria de la estructura subeventiva de este predicado
son léxicamente indistinguibles unos de otros.

Antes de cerrar este apartado volviendo al diagrama de (42b), voy a
ocuparme brevemente de cómo se explica la interpretación *experiencial* del
Perfecto en Carrasco Gutiérrez (2015). Doy dos ejemplos en (53), que nos
permiten advertir la primera diferencia con respecto a la interpretación
resultativa: la lectura experiencial se obtiene tanto con predicados télicos
(53a) como atélicos (53b):

(53)   a. Tu hijo pequeño *ya ha hecho* la tarea en mi casa en otras ocasiones.
          Se sentirá cómodo.
       b. Juan *ya ha corrido* por ese parque. Siempre hay niños jugando al balón.

La segunda diferencia es semántica. Los ejemplos con formas verbales
compuestas en interpretación de Perfecto resultativo constituyen afirmaciones sobre los estados de cosas que resultan de eventos específicos que
han alcanzado su fin natural o meta. Por el contrario, los ejemplos con
formas verbales compuestas en interpretación de Perfecto experiencial
constituyen afirmaciones sobre estados de cosas que resultan de eventos
genéricos (Dahl 1985: 141) o tipos de eventos (Hedin 2000: 228). Dicho de
otro modo, el tiempo del estado de cosas que el Perfecto experiencial hace
visible puede entenderse también como consecuencia del evento verbal,
pero en un sentido más amplio: como resultado de su participación en el
tipo de evento representado por el predicado verbal, en (53a, b), por seguir
con nuestros ejemplos, se atribuiría a la entidad denotada por el sujeto la
propiedad de formar parte del grupo de personas constituido por quienes
han hecho la tarea en mi casa o han corrido por ese parque, respectivamente. El Perfecto experiencial sería, así, el procedimiento gramatical
para obtener cambios de estado que se derivarían de la participación en
procesos genéricos de las entidades implicadas. En (53a, b) esas entidades
pasarían de no formar parte de los grupos mencionados a estar entre sus
miembros. El cambio de estado implica un proceso télico. Por tanto, el
Perfecto experiencial supondría de nuevo una relación de inclusión del
tiempo del foco en el tiempo de un estado meta.

Ahora sí, retomemos la discusión sobre (42b):

(42b)   PROSPECTIVO   ++ [+ + +] ++ - -

La pregunta que deberíamos hacernos es si podemos aplicar al contenido representado en el diagrama la misma estrategia que al de Perfecto. Dicho de otro modo, ¿podemos entender que lo que hace visible la información de Aspecto gramatical es parte del tiempo del evento? En la bibliografía no faltan propuestas que apuntan en esta dirección. En (54) se recoge la de Vet (2007: 15):

(54)

$$
\begin{array}{ccc}
\text{E'} & \text{E} & \text{E''} \\
\end{array}
$$

```
                    E'              E               E"
(54)    ----------------------------//////////////-----------------------------
        preparatory phase      eventuality        resultative phase
        (pre-state)                               (post-state)
```

Este autor introduce la categoría teórica del aspecto *fasal:* "un mecanismo gramatical cuya principal función es indicar que la oración no refiere a la eventualidad misma, sino a una de sus fases". Según Vet, la construcción <*aller* + infinitive> expresa aspecto Prospectivo; con ella se haría referencia a la fase preparatoria del evento (55a). La forma verbal compuesta con *avoir* expresa aspecto Perfecto; con ella se podría hacer referencia a la fase resultativa (55b):

(55)   a. Jean va abattre le vieux chêne.
           'J. va a talar el viejo roble.'
        b. Jean a abattu le vieux chêne.
           'J. ha cortado el viejo roble.'
        [Vet (2007: 15), ejs. 16 y 17]

No he encontrado, sin embargo, en este trabajo ninguna definición de *fase* ni, lo que es más relevante, ningún desarrollo de las nociones de 'fase preparatoria' y 'fase resultativa' (véase también Azzopardi y Bress 2016). La utilización de la misma inicial, E, tanto para la eventualidad como para sus fases previa y posterior hace pensar en que todo ello podría formar parte de una misma estructura subeventiva. Supongamos que sea así: ¿podríamos entender entonces que el contenido Prospectivo, de manera simétrica al aspecto Perfecto, selecciona el tiempo del primer estado en una estructura subeventiva como la que estamos manejando? Volvemos brevemente sobre ejemplos del tipo del de (43), *Va a llover. Nos quedamos en casa,* para mostrar que la respuesta solo puede ser negativa:

(56)   Iba a llover. Por eso ayer por la tarde nos quedamos en casa.
        Después resultó que las nubes pasaron y no cayó ni una sola gota.
(57)   A: - Va a llover: mira esas nubes. Quedémonos en casa.
        B: - No, no va a llover. Esas nubes pasarán y no caerá ni una sola gota.

Es lógico pensar que si el estado inicial se afirma, el evento ha dado comienzo. A pesar de ello, nótese que en (56) situarse delante de un evento no garantiza que el evento llegue a tener lugar. Por otro lado, en el diálogo de (57) la discusión no es sobre si el evento ha dado comienzo o no, sino sobre la fiabilidad de cierto indicio extralingüístico: B está poniendo en duda la conexión estadística que existe entre la presencia de nubes abundantes y la lluvia.

Adelantábamos más arriba que en Bravo (2017) se defiende el carácter modal de la perífrasis <*ir a* + infinitivo> en ejemplos como los anteriores. La idea es que en ellos se está emitiendo un juicio sobre la probabilidad de que se produzca el evento consistente en llover. La perífrasis sería epistémica. Remito también a este trabajo para la consideración asimismo de esta perífrasis como estrictamente temporal, de futuro, en otro tipo de contextos.

Nuestra Tabla de contenidos aspectuales posibles va quedando como se indica a continuación:

		COINCIDENCIA DE F	
		Con E	**Con e**$_{META}$
Se focaliza el límite derecho		PERFECTIVO [- - -]	¿..? ~~[·····]~~
No se focaliza el límite derecho	No se focaliza el límite izquierdo	IMPERFECTIVO - - [- - -] - -	PERFECTO ... [....] ...
	Se focaliza el límite izquierdo	CONTINUATIVO [- - - ( ]) - -	¿..? ~~[···(])··~~

TABLA IX. *Significados aspectuales (3.ª versión)*

En primer lugar, las cruces se eliminan, pues la información de Aspecto no puede hacer visible el tiempo que sigue o precede al evento. En segundo lugar, se elimina la columna que representaba la relación de coincidencia del tiempo del foco con un tiempo anterior al del evento por la imposibilidad de entender que se trata del tiempo de un estado inicial de la estructura subeventiva. Por último, los estados *meta* se representan por medio de puntos. Expliquemos ahora por qué aparecen tachados en la Tabla IX los diagramas de dos posibles significados aspectuales.

Perfecto e Imperfectivo tienen en común que lo que ocurre antes de F se infiere: en el caso del contenido Imperfectivo, el comienzo del tiempo del evento; en el caso del contenido de Perfecto, el tiempo del resto de los estados que constituyen la estructura subeventiva. El Perfecto permite contemplar ese estado final determinado léxicamente como parte de un proceso. Eso es lo que caracteriza a la variedad resultativa, que es a la que me estoy refiriendo por simplicidad. En (58) se muestra que es posible remitir anafóricamente a esa parte del proceso por medio del predicado *suceder*:

(58)   A las 17:00 su hijo pequeño *ya había hecho* la tarea.
        (Eso debió de suceder mientras Ana preparaba la merienda).

Es esta relación de parte-todo la que se truncaría en los significados aspectuales que se representan en las celdas que aparecen por encima y por debajo del significado de Perfecto en la Tabla IX. Se truncaría porque estos significados presentan el tiempo del estado meta como acotado por la izquierda.

El participio, que representaría morfológicamente el estado meta alcanzado, puede aparecer en oraciones como las de (59):

(59)   a. La tarea *estuvo hecha* a las 17:00.
           PERFECTIVO: [. . . .]
        b. La tarea *estaba hecha* a las 17:00.
           IMPERFECTIVO: . . [. . . .] . .
        c. La tarea *lleva hecha* desde las 17:00.
           CONTINUATIVO: [. . . . ( )] . .

Repárese en que ninguna podría ser continuada como se indica en (60):

(60)   Eso debió de suceder mientras Ana preparaba la merienda.

Esto significa que no es posible establecer en ellas la conexión anafórica con otros estados previos del suceso. Es por eso por lo que deben ser consideradas ejemplo de alguno de los significados aspectuales de la columna de la izquierda, la que representa la relación de coincidencia con el evento considerado globalmente.

Una vez respondida la pregunta de qué significados aspectuales agotan las relaciones posibles entre el tiempo del evento (E) y el tiempo del foco (F), nos toca seguir camino dando respuesta a las otras dos preguntas que quedaron formuladas al final del apartado 1.2, *supra*. La primera de ellas debe reformularse tras lo visto en este capítulo:

2.   ¿Podemos hacer corresponder los cuatro significados de Aspecto gramatical, Perfectivo, Imperfectivo, Perfecto y Continuativo con cada una de las ocho fórmulas temporales con las que es posible representar los significados temporales en las lenguas naturales?

3.   ¿Existen formas verbales diferenciadas para la expresión de todas las combinaciones posibles de significados tempo-aspectuales?

Vuelvo sobre estas preguntas en el capítulo 3. Lo que resta de este se dedicará a tomar brevemente en consideración nuevos desvíos del camino.

2.3. HAY ASPECTOS Y ASPECTOS

2.3.1. *Recursividad de la información aspectual*

Sobre la posibilidad de que algunas perífrasis pudieran expresar contenidos de Aspecto, en concreto, las incoativas y las terminativas, se ha hablado en 2.1. Suponiendo que aceptáramos que así es, lo que aquí me interesa es llamar la atención sobre el problema que surgiría inmediatamente: el de la recursividad de la información aspectual o, lo que es lo mismo, el hecho de que a la información de Aspecto expresada en el verbo auxiliar pudiera añadírsele la información asociada a la propia perífrasis.

Dejo de lado la construcción <*haber* + participio>, que está plenamente integrada en la conjugación. La lista siguiente está tomada de Laca (2005a):

(61) a. ASPECTO RETROSPECTIVO (AssT > EvT): <*acabar de* + infinitivo>
b. ASPECTO PROGRESIVO (AssT ⊂ EvT): <*estar* + gerundio>
c. ASPECTO PROSPECTIVO (AssT < EvT): <*ir a* + infinitivo>

AssT: tiempo del foco
EvT: tiempo del evento
< : anterioridad
> : posterioridad
⊂ : solapamiento

Para ilustrar el problema, volvamos muy rápidamente sobre un ejemplo ya aparecido. Lo repito para mayor comodidad:

(43) Va a llover. Nos quedamos en casa.

El auxiliar de esta perífrasis está conjugado en tiempo presente. El tiempo presente se considera Imperfectivo. Así las cosas, con *va a llover* se estaría expresando tanto que F está incluido en E (contenido de aspecto Imperfectivo codificado morfológicamente en el verbo auxiliar) como que F precede a E (contenido de aspecto Prospectivo de la perífrasis). Recuérdese que F está por el intervalo que situamos en la línea temporal

Habría dos maneras de enfrentarse a este bache teórico. La primera es aceptar la recursividad de la información de Aspecto. Es la solución de Demirdache y Uribe-Etxebarria (2002), que admiten que puede haber más de un tiempo del foco. La pregunta que no responden es por qué no tres o cuatro, es decir, cómo establecer el límite.

La segunda manera es sortear la recursividad: intentar reducir a uno solo los contenidos aspectuales en juego. En los trabajos de Laca esto se consigue restándole información de Aspecto a los tres tiempos simples con los que se combinan las perífrasis de Aspecto gramatical de (61): el presente, el pretérito imperfecto y el futuro. Estos tiempos estarían vacíos de información aspectual. La obtendrían por defecto y consistiría en una relación infraespecificada de inclusión entre F y E (AssT $\subseteq$ EvT) (véase Laca 2005a: 7). Cualquier otro tiempo provocaría agramaticalidad, como se muestra en (62):

(62)   Su vida va/iba/*fue a ser muy tranquila.
        [Laca (2005a: 10), ej. 22a]

La pregunta es ahora en qué se fundamenta la distinta naturaleza de los contenidos aspectuales, por qué habría que distinguir entre contenidos que se codifican en ciertas formas verbales y contenidos que se obtienen por defecto. Sin esa justificación, la explicación incurre en circularidad.

Otra vía para sortear la recursividad de la información de Aspecto es reclasificar las perífrasis de (61). He dado ya un ejemplo en el apartado precedente: la conveniencia de tratar <*ir a* + infinitivo> como perífrasis modal. En la misma línea podemos mencionar trabajos en los que <*estar* + gerundio> se incluye entre las perífrasis de fase (Carrasco Gutiérrez 2017) o trabajos en los que se considera temporal, con indicación de pasado reciente, la perífrasis <*acabar de* + infinitivo> (Havu 2009).

2.3.2. *De nuevo los morfemas superléxicos*

En 2.1 recogíamos la idea de Smith (1991, 1996) de que los auxiliares de las perífrasis incoativas y terminativas nos permitían presentar una visión restringida del evento, dado que la atención se desviaba a sus fases inicial y final. Intuitivamente este planteamiento no es difícil de entender. Desde un punto de vista teórico, sin embargo, sería preciso determinar a qué se corresponden esas fases inicial y final.

La hipótesis más sencilla sería hacer equivaler las fases inicial y final con los estados iniciales y finales de las estructuras subeventivas, estén o no determinados léxicamente. Para comprobar la validez de este planteamiento podemos hacer tres predicciones. La primera es que las perífrasis incoativas y terminativas deberían provocar agramaticalidad en combinación con predicados estativos. Recuérdese que los estados son los sucesos más simples: son los primitivos del análisis. No podemos analizarlos en términos de relaciones de transición entre subestados. La segunda predicción es que estas perífrasis deberían poder combinarse con procesos télicos instantáneos, puesto que su estructura subeventiva incluye un estado origen y un estado meta. Finalmente, focalizar esos estados iniciales o finales no debería tener ninguna consecuencia en el comportamiento sintáctico que se espera de un predicado según sea su Modo Acción.

Si nos vamos ahora a los datos, comprobamos que ninguna de estas predicciones se cumple. En primer lugar, los ejemplos de (63a) muestran que las perífrasis incoativas y terminativas pueden seleccionar estados. Se trata, naturalmente, de estados no permanentes o de *estadio*. Se excluyen los permanentes o de *individuo* (Carlson 1977, Diesing 1992, Kratzer 1995)[14]:

> (63)   a. *Empezó a ser feliz ~ Dejó de tener sueño.*
>   b. **{Empezó a ~ Dejó de} ser de Burgos.*

En segundo lugar, la combinación con predicados télicos instantáneos provoca agramaticalidad (64a, c). (64b, d, e) no son excepciones. Las dos primeras tienen una interpretación de ocurrencia múltiple del evento. No estamos, pues, ante un único evento instantáneo, sino ante eventos del mismo tipo que se repiten en serie y dan lugar así a un hábito (64b) o en los que están involucradas entidades diferentes (64d). La tercera es posible por la naturaleza de la entidad implicada. Los trenes están constituidos por vagones. No puede decirse que el evento consistente en entrar ha culminado hasta que la culminación pueda predicarse de la totalidad de los vagones:

> (64)   a. **El nuevo fichaje {empezó a ~ terminó de} marcar el gol a las 20:00.*
>   b. *El nuevo fichaje {empezó a ~ dejó de} marcar un gol cada partido.*
>   c. **El correo electrónico {empezó a ~ terminó de} entrar en su buzón a las 20:00.*
>   d. *Los correos electrónicos {empezaron a ~ terminaron de} entrar en su buzón a las 20:00.*
>   e. *El tren {empezó a ~ terminó de} entrar en la estación a las 20:00.*

En último lugar, en (65) tenemos la prueba de que estas perífrasis convierten en télico al predicado que seleccionan. Por eso, son compatibles con expresiones adverbiales del tipo de *en dos minutos* (65a) y admiten interpretación de Perfecto resultativo (65b). Adviértase en (49a) y (52), vistas arriba, que el predicado verbal *correr por el parque*, considerado aisladamente, no comparte ninguna de estas propiedades:

---

[14] Para las diferencias de selección de las perífrasis <*terminar de* + infinitivo> y <*dejar de* + infinitivo>, véase DPV, *ss.vv.*

(65)   a. Juan {*empezó a* ~ *dejó de*} *correr* por el parque en dos minutos.
        b. Ya había {*empezado a correr* ~ *dejado de correr*} por el parque.
        [Perfecto resultativo]

(49a)   *Juan *corrió* por el parque en dos minutos.

(52)   #A las 17:00 Juan ya había corrido por el parque. [Perfecto resultativo]

A estas predicciones que no se cumplen habría que añadir otros problemas teóricos. Considérese (66). La estructura subeventiva del predicado télico *pintar el cuadro* incluye un estado meta que representa el resultado: estar el cuadro pintado. Si las perífrasis terminativas llevaran el foco a ese estado final, no debería haber diferencia de interpretación entre (66a) y (66b), pero la hay. La extrañeza que nos provoca el ejemplo de (66b) se debe a que no puede establecerse una relación de causa-efecto ente la oración subordinada y la principal, que es la relación que tenemos en (66a). El ejemplo de (66a) nos presenta un final que no es una culminación; el de (66b), un final que sí lo es. ¿Cómo diferenciar uno y otro en la estructura subeventiva de *pintar el cuadro*?

(66)   a. Cuando se le estropeó el pincel, Juan *dejó de pintar* el cuadro.
        b. ??Cuando se le estropeó el pincel, Juan *terminó de pintar* el cuadro.
        [DPV, *s.v.* <*dejar de* + infinitivo>, ejs. 8a, b]

Fijémonos ahora en que si queremos usar la línea telefónica y ya no oímos a quien nos precede en el uso del aparato, la pregunta que haríamos sería (67a), no (67b). Sin embargo, *hablar por teléfono* no es un predicado télico (67c), no hay estado meta que focalizar:

(67)   a. ¿Ya *has terminado de hablar* por teléfono?
        b. #¿Ya *has dejado de hablar* por teléfono?
        c. Habló por teléfono {durante media hora ~ *en media hora}.

Los datos recién revisados apuntan a que las fases inicial y final que visualizarían de manera restringida los morfemas superléxicos o aspectualizadores que encabezan las perífrasis incoativas y terminativas no se corresponden con los estados iniciales y finales de las estructuras subeventivas. Habría que explorar un camino diferente. En 2.1 se dieron ejemplos de la posible combinación de ambos tipos de perífrasis con cualquiera de los contenidos de Aspecto gramatical, Perfectivo, Imperfectivo, Perfecto, Continuativo. Este comportamiento apoyaría la idea de que los aspectualizadores introducen eventos que funcionan independientemente desde el punto de vista gramatical, como se sugiere en Smith (1991: 76).

2.3.3. *Variedades aspectuales*

En el apartado 2.2 se ha mencionado muy rápidamente que la variedad de Aspecto gramatical denominada Perfecto se concreta en dos tipos de interpretaciones, la resultativa y la experiencial. El lector interesado puede encontrar en el apartado de *Bibliografía comentada* múltiples trabajos para profundizar en esta cuestión, probablemente una de las más estudiadas en la bibliografía sobre el inglés. Pues bien, un asunto interesante es, precisamente, el de las subvariedades aspectuales: ¿es posible distinguir subvariedades en los otros tres contenidos principales, Perfectivo, Imperfectivo, Continuativo? ¿En qué pruebas gramaticales se sustentan las subclasificaciones?

Probablemente por ser una cuestión a la que se ha prestado mucha atención, no resulta difícil reunir una serie de datos que justifican sobradamente la distinción mencionada entre las lecturas de Perfecto resultativo y experiencial (consúltese Carrasco Gutiérrez 2015 y las referencias allí citadas). Veamos.

El primer tipo de pruebas destaca diferencias relativas al tipo de modificadores adverbiales que admiten las formas verbales compuestas con interpretación de Perfecto resultativo o experiencial. Recojo tres a continuación. Las formas verbales compuestas con interpretación de Perfecto experiencial pueden ser modificadas por expresiones cuantificadoras (68); por expresiones temporales indefinidas (69); y por expresiones adverbiales de manera (70). Ninguna de estas posibilidades está disponible para las formas verbales compuestas con interpretación de Perfecto resultativo:

(68)   Su hijo pequeño ya ha hecho la tarea en su casa *en varias ocasiones*.
        √Experiencial./#Resultativo

(69)   Juan ya había visitado París *en mayo*.
        En mayo = cualquier mes de mayo.
        √Experiencial./#Resultativo

(70)   Juan ya había hecho la tarea *concienzudamente*.
        √Experiencial./#Resultativo

La causa del diferente juicio que provocan las lecturas experiencial y resultativa de (68) es que las experiencias pueden tener su origen en más de un evento, pero no hay estados resultantes de eventos múltiples. En cuanto a (69), la interpretación que interesa es la de que *en mayo* denota un mes del calendario que se repite a intervalos regulares, no denota un intervalo definido. En la interpretación de intervalo definido, en que *en mayo* denotaría el quinto mes del año en que se produce el acto de habla, la lectura resultativa sería aceptable. Por último, *concienzudamente* se predica en (70) de hacer la tarea, esto es, indica cómo se ha llevado a cabo. La oración de (71) no es una excepción.

(71)   Juan ya había cerrado el cajón *herméticamente*.
         √Experiencial/√Resultativo

Este ejemplo admite las dos interpretaciones del Perfecto, pero nótese que en la lectura resultativa con *herméticamente* no se está haciendo referencia al modo de cerrar el cajón, sino al modo en que queda cerrado el cajón. Consiguientemente, se trata de un modificador del estado meta

Otra diferencia gramatical entre ambas interpretaciones consiste en que el Perfecto resultativo no puede usarse para describir con más detalle un evento presupuesto pragmáticamente. Esto explica, por ejemplo, el contraste entre (72) y (73B). En (72) el Perfecto resultativo se utiliza para introducir en el discurso información sobre una nueva situación: el estado consistente en estar hecha la tarea. En cambio, que la tarea está hecha se presupone en el contexto en que se produce el intercambio comunicativo de (73). Es por ello por lo que la ampliación de (73B) resulta inaceptable:

(72)   Ya puedes encender la tele, que Juan *ya ha hecho* la tarea.
(73)   A: ¡Vaya! La tele está encendida.
         B: #Juan ya ha hecho la tarea.

(74) prueba que esta restricción no se aplica al Perfecto experiencial:

(74)   A: ¡Vaya! No hay monumento en París que Juan no conozca.
         B: Sí, Juan ya ha visitado París al menos tres veces.

Las oraciones interrogativas parciales son un tipo de construcción con el que se demanda más información sobre una situación presupuesta pragmáticamente. Según lo dicho en el párrafo anterior, la predicción es que el Perfecto resultativo quedaría excluido de estas construcciones. (75) confirma que esta predicción se cumple:

(75)   ¿Quién ya había hecho la tarea a las 17:00?
         √Experiencial/#Resultativo

Acabo con un tercer tipo de contraste. Las formas verbales compuestas con interpretación de Perfecto experiencial son compatibles con argumentos internos representados por SN sin determinación; las formas verbales compuestas con interpretación de Perfecto resultativo, no (véase 76a). Los ejemplos de (76c-d) muestran que este tipo de SN no puede aparecer con ciertos predicados o en ciertas construcciones en que se exige que el evento esté acotado (Bosque 1996: 30-34). En (76c) esta exigencia se deriva de la presencia del pronombre aspectual *se;* en (76d) es léxica:

el verbo *apurar* incorpora un fin natural. El ejemplo (76a) muestra que el Perfecto resultativo se incluye entre estas construcciones:

(76) a. Juan ya había bebido vino.
     √Experiencial/#Resultativo
     b. Juan bebió {vino ~ el vino.
     c. Juan se bebió {*vino ~ el vino}.
     d. Juan apuró {*vino ~ el vino}.

Ni en el contenido de aspecto Perfectivo ni en el Continuativo se han diferenciado subvariedades. Solo hay que recordar que el segundo se ha hecho depender de la interpretación Perfectiva de las formas verbales compuestas (véase 2.1, *supra*) o que se obtienen lecturas ingresivas con formas verbales Perfectivas en combinación con expresiones temporales puntuales (véase 20, *supra*). Por lo que respecta al contenido aspectual Imperfectivo, es clásica la subclasificación de Comrie (1976: 25) que recoge la estructura bajo estas líneas:

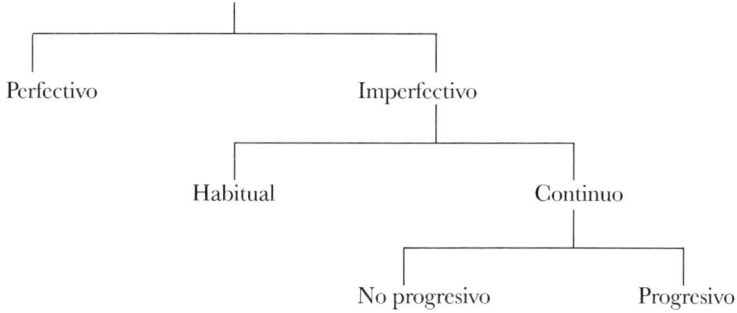

FIGURA II. *Subvariedades del aspecto Imperfectivo*
(Comrie 1976)

En Bertinetto (1986: cap. 3) la clasificación se reinterpreta como sigue. Habría que distinguir las subvariedades denominadas *progresivo* (77a), *continuo* (77b) y *habitual* (77c):

(77) a. Cuando entré en la sala, Juan *lloraba* desconsoladamente.
     b. Durante la reunión, Juan *lloraba* desconsoladamente.
     c. {Cada vez que entraba en la sala ~ Durante las reuniones}, Juan *lloraba* desconsoladamente.

Como se observa en los ejemplos, el tipo de modificación adverbial es crucial para discriminar entre las lecturas. Expresiones puntuales como la de (77a) favorecen la interpretación progresiva, en la que se focalizaría un único punto en el desarrollo de un evento. Expresiones durativas como la de (77b), la continua, en que se focalizaría un periodo. Finalmente, para obtener la lectura habitual el evento debe repetirse. Esa es la primera diferencia entre (77c) y (77a, b). La repetición se desprende en (77c) del uso de las expresiones *cada vez que entraba* o *durante las reuniones*, que remiten a una pluralidad de puntos o intervalos. *Lloraba desconsoladamente* denota, por lo tanto, un macroevento complejo, constituido por una serie de microeventos. La segunda diferencia entre (77a, b) y (77c) es que el hábito que se describe en la última se concibe como una propiedad caracterizadora de una entidad.

Las dos características que separan la interpretación habitual de las lecturas continua y progresiva se toman como punto de partida en Bertinetto y Lenci (2012) para tomar dos decisiones. La primera, considerar la habitualidad como una variedad de la Imperfectividad *gnómica*, que incluiría todo tipo de estructuras caracterizadoras, como las genéricas (78a), las que se construyen con estados permanentes (78b) o las que se construyen con predicados no estativos, denominadas *actitudinales* (78c) (Bertinettto 1986: 143-152):

> (78)   a. Las ballenas son mamíferos.
>   b. María es malagueña.
>   c. Juan fuma en pipa.

La segunda decisión es situar la habitualidad en el marco general de una noción más abarcadora, la 'pluriaccionalidad'[15]. El fenómeno de la pluriaccionalidad alude a la repetición de eventos. Se distinguen dos modalidades: la repetición de eventos denominada *interna* y la repetición *externa*. (77c) y (79a) son ejemplos del segundo tipo: el mismo evento se repite en distintos momentos. (79b) sería un ejemplo del primero: en una misma situación se entiende que el evento de manera característica se realiza más de una vez[16].

> (79)   a. {Cada vez que entró en la sala ~ Durante las reuniones},
>   Juan *lloró* desconsoladamente.
>   b. Juan *ha tosido* toda la película.

Detengámonos en (77c) y (79a). Bertinetto y Lenci (2012) distinguen entre *iteratividad* y *habitualidad*. Como sabemos, (77c) es un ejemplo de habitualidad. (79a) lo sería de iteratividad. La habitualidad se vincula con intervalos abiertos. La iteratividad con intervalos cerrados. La idea

---

[15] Un estudio sobre la pluriaccionalidad desde un punto de vista tipológico es Mattiola (2019).

[16] Son los predicados *semelfactivos* de Smith (1991: 55-58): *toser, llamar a la puerta*.

es que los hábitos se conciben como propiedades caracterizadoras de los sujetos; la mera repetición de eventos, no. Como vemos en (80a), si añadimos expresiones cuantificadoras que especifiquen el número exacto de repeticiones la lectura habitual no es posible (cfr. 80b). El lector debe descartar la interpretación de imperfecto narrativo. Añadir estas expresiones equivale a presentar como cerrado el macroevento.

(80)   a. *El año pasado, Juan *chocaba* con el coche del vecino dos veces.
        b. El año pasado, Juan *chocó* con el coche del vecino dos veces.

Por el contrario, no tenemos pluriaccionalidad entendida como iteratividad en presente. Lo vemos en (81):

(81)   Juan *choca* con el coche del vecino cuatro veces *(al mes).

La razón es que el presente es incompatible con el contenido aspectual Perfectivo (véase el apartado 3.1, *infra)*. (81) es gramatical con la expresión *al mes* explícita, pues con ella el intervalo vuelve a presentarse como abierto. La interpretación de habitualidad estaría disponible.

Compárense ahora los efectos de la expresión temporal de marco estrictamente delimitado de (82a, b), con los de la expresión de marco vagamente delimitado de (82c, d). Ambas denotan el periodo en que se incluye el macroevento, pero la primera resulta rechazada con la forma verbal Imperfectiva; la segunda, con la Perfectiva:

(82)   a. Del 1 de junio al 31 de julio, Juan *chocó* a menudo con el coche del vecino.
        b. #Del 1 de junio al 31 de julio, Juan *chocaba* a menudo con el coche del vecino.
        c. ?? En el pasado, Juan *chocó* a menudo con el coche del vecino.
        d. En el pasado, Juan *chocaba* a menudo con el coche del vecino.

Para entender los juicios que nos merecen las oraciones anteriores, debemos precisar algo más la diferencia clave entre los dos tipos de pluriaccionalidad. En los ejemplos de iteratividad, se describen eventos. En los de habitualidad, entidades. *Del 1 de junio al 31 de julio* nos sirve para delimitar con exactitud el periodo en que se produjo la repetición de los eventos en que intervino la entidad denotada por *Juan*. Esta función la desempeña mucho peor la expresión *en el pasado*. En cambio, *del 1 de junio al 31 de julio* no sirve para delimitar el tópico del discurso, Juan, porque su existencia se extiende obviamente más allá de este tiempo. Esta función la cumple mucho mejor la expresión *en el pasado*. (82b) sería aceptable si se inscribe en un periodo más general: *durante un montón de años, en aquella época...*

La última prueba gramatical para diferenciar iteratividad de habitualidad la proporciona la interpretación que reciben en general las expresiones temporales de marco. Lo vemos con *el año pasado* en (83):

(83)   El año pasado, Juan {*chocó ~ chocaba*} a menudo con el coche del vecino.
        a. ... doce veces en concreto. √ITERATIVIDAD
        b. ... doce veces en concreto. #HABITUALIDAD

En la lectura iterativa-Perfectiva, la expresión de marco *el año pasado* denota un periodo de tiempo delimitado. En este periodo, podrían determinarse con exactitud los choques con el coche del vecino. Supongamos que *a menudo* significa 'una vez al mes'. Pues bien, en un intervalo de un año eso significaría que los choques habrían sido doce (83a). En la lectura habitual-Imperfectiva, en cambio, la expresión de marco *el año pasado* debe tomarse únicamente como un intervalo de referencia entre otros posibles. En (83) este intervalo se utiliza para afirmar la poca habilidad de Juan al volante. No sería en absoluto relevante determinar con exactitud las ocasiones en que se ha chocado con el vecino (83b).

Cierro este apartado llamando la atención del lector hacia los datos de (84)-(86). En estos ejemplos tenemos formas verbales compuestas con interpretación de Perfecto resultativo (84a, 85a, 86a) y la perífrasis Continuativa <*llevar* + gerundio> (84b, 85b, 86b):

(84)   Soy muy dormilón...
        a. A las 23:00 *ya me he dormido.*
        b. A las 23:00 *llevo durmiendo* una hora.
(85)   En aquella época...
        a. A las 23:00 *ya me había dormido.*
        b. A las 23:00 *llevaba durmiendo* una hora.
(86)   a. El año pasado, aunque solo desde el 1 de marzo al 30 de septiembre, a las 17:00 Juan *ya había salido* de la oficina.
        b. El año pasado, aunque solo desde el 1 de marzo al 30 de septiembre, a las 19:00 Juan *llevaba corriendo* una hora.

Tanto en (84) como en (85) la repetición de eventos encaja en el comportamiento descrito para las formas verbales Imperfectivas que participan en las lecturas de habitualidad. A saber, el predicado que denota el macroevento se construye en presente (84); y la expresión temporal de marco se interpreta como intervalo de referencia para el hábito (85). Por el contrario, en (86) la repetición de eventos manifiesta el comportamiento de las formas verbales Perfectivas que participan en las lecturas de iteratividad: la expresión temporal de marco delimita exactamente el periodo en que se enmarca la serie de microeventos. De hecho, podría hacerse además el cálculo de las veces en que Juan está a las 17:00 fuera de la oficina o lleva a las 19:00 una hora corriendo.

A mi modo de ver, todo esto indica que la conexión de la habitualidad con la Imperfectividad no es absoluta, lo que debilita su consideración como una de sus variedades (véase también Martínez-Atienza 2004). Tampoco es absoluta la de la iteratividad con la Perfectividad, aunque nada se dice, sin embargo, sobre incluir esta modalidad de la pluriaccionalidad como una de las variedades del contenido aspectual Perfectivo.

3

SOBRE INCOMPATIBILIDADES
Y RELACIONES NO BIUNÍVOCAS

Vuelvo en este momento a las dos cuestiones que aún tenemos pendientes. Por una parte, si las ocho fórmulas temporales que representan los significados temporales posibles en las lenguas naturales pueden combinarse con los cuatro contenidos de Aspecto gramatical, Perfectivo, Imperfectivo, Perfecto y Continuativo. Por otra parte, si existen formas verbales diferenciadas para la expresión de todas las combinaciones posibles de significados tempo-aspectuales. Ambas preguntas tienen respuestas negativas. Lo vemos en 3.1 y 3.2, respectivamente.

3.1. La paradoja del presente perfectivo

3.1.1. *Los datos*

De todas las posibles combinaciones entre significados temporales y significados aspectuales, hay una que no es posible en las lenguas naturales. La fórmula temporal que sitúa el tiempo del foco como simultáneo con el momento del habla no es compatible con el contenido aspectual Perfectivo. Es lo que se conoce como *paradoja del presente perfectivo* (Malchukov 2009). En opinión de Dahl y Velupillai (2005: 266), puede existir una base cognitiva[17]:

> Habitualmente se considera que las formas verbales perfectivas refieren a eventos pasados. Este hecho tiene una base cognitiva: podemos decir que los usos prototípicos de los perfectivos coinciden con la visión por defecto de un evento como un todo completo. Pero normalmente esa perspectiva es posible solo si el evento está enteramente en el pasado.

---

[17] Puede conectarse esta idea con una observación frecuente en los estudios tipológicos: "Quizá la propiedad más llamativa del [aspecto] perfectivo es su lectura de pasado por defecto en las denominadas lenguas *sin tiempo*" (DeCaen 1995: 45).

En (87) se ilustra la paradoja con datos del español, una lengua en que el Tiempo y el Aspecto se marcan conjuntamente mediante morfemas flexivos (Ambadiang 1993). El signo de conjunto vacío quiere indicar la inexistencia de una forma verbal flexiva Perfectiva con significado temporal de presente[18]:

(87)   (R2,F) (R1,R2) (H,R1)

        a. Imperfectivo: ¿Qué hace Juan en este momento?
        b. Perfectivo: $\varnothing$
        c. Perfecto: Ya ha hecho la tarea del cole.
        d. Continuativo: Lleva desde las 17:00 haciendo la tarea del cole.

En lenguas como las eslavas, en que el Tiempo se marca mediante morfemas flexivos y el Aspecto mediante morfemas derivativos, se advierte que la combinación de morfemas flexivos de Presente y morfemas derivativos Perfectivos puede tener dos tipos de efectos diferentes. El primero es un cambio en la referencia temporal. El presente Perfectivo puede utilizarse para expresar futuro, como en el ejemplo del ruso de (88a):

(88)   **Ruso**:
        a. On pri-det.
        He at.PFV-go.PRS.3SG
        'Él irá.'
        b. On idet.
        He go.IPFV.PRS.3SG
        'Él va/está yendo.'
        [De Wit (2017: 35-36), ejs. 1 y 2]

O para expresar pasado, como en el ejemplo del checo de (89):

(89)   **Checo**:
        Tu   se   němec pro-trhne   ze   své   únavy a
        here REFL German through.PFV-tear.PRS.SG   from POSS.SG fatigue and
        z-dvihne   hlavu.
        result.PFV-raise.PRS.SG   head.ACC
        'Aquí el alemán se desprende de su fatiga y levanta su cabeza.'
        [De Wit (2017: 159), ej. 32]

El segundo efecto consiste en interpretar que se está describiendo un hábito. Lo vemos en el ejemplo de (90) del serbocroata (o, como se denomina actualmente desde la desintegración de la antigua Yugoslavia, serbio, bosnio y croata):

(90)   **Serbio, bosnio y croata**:
        Često se   Fred pro-šeta   parkom.
        often REFL Fred through.PFV-stroll.PRS.3.SG   park.INST

---

[18] Para otra manera de entender esta paradoja, véase 3.2.1, *infra*.

'A menudo, F. da un paseo por el parque.'
[De Wit (2017: 35-36), ejs. 1 y 2]

Los ejemplos de (91) ilustran los mismos efectos en español. Obsérvese que en todos ellos el evento se presenta como acotado, pero esta posibilidad está restringida a que no se le haga coincidir con el tiempo de la enunciación. En De Wit (2017) se acuñan los términos de estrategias *prospectiva, retrospectiva* y *estructural* para los tres modos de sortear la paradoja del presente Perfectivo[19].

(91)   a. ESTRATEGIA PROSPECTIVA
     Abro yo.
   b. ESTRATEGIA RETROSPECTIVA
     Juan está en casa de sus padres. De repente *llaman* a la puerta.
     Un mensajero *pregunta* por él. Le *entrega* un paquete.
   c. ESTRATEGIA ESTRUCTURAL
     Juan *se levanta* a la 6:00 a.m., *se prepara* un café y *escucha* el boletín
     de noticias.

En (92), (93) y (94) se proporcionan ejemplos del inglés y del francés:

(92)   ESTRATEGIA PROSPECTIVA
   a. **Inglés**:
     When do lectures end this year?
     '¿Cuándo terminan las clases este año?'
     [De Wit (2017: 58), ej. 17]
   b. **Francés**:
     Ne t'inquiète pas, j'arrive à toute suite!
     'No te preocupes, ¡ahora mismo voy!'
     [De Wit (2017: 93), ej. 16]

(93)   ESTRATEGIA RETROSPECTIVA
   a. **Inglés**:
     Yesterday, I'm sitting on my doorstep and this guy walks up to me
     and says he's my brother.
     'Ayer, estoy sentado en la puerta de mi casa y se me acerca un tipo y
     me dice que es mi hermano.'
     [De Wit (2017: 57), ej. 13]
   b. **Francés**:
     Je regardais avec inquiétude la lumière des lampes presque con-
     sumées qui menaçaient de s'éteindre. Tout à coup une harmonie
     semblable au chœur lointain des esprits célestes sort du fond de ces

---

[19] Se consideran un fenómeno aparte y, por ello, se excluyen de la discusión los ejemplos de expresiones performativas del tipo de *Yo os declaro marido y mujer*. Se trata de fórmulas en presente, a veces convencionalizadas como la anterior, que no pueden tomarse como descripciones de ninguna situación y, por tanto, evaluarse en términos de verdad o falsedad, sino de adecuación o no adecuación. La fórmula anterior, por ejemplo, en boca de un sacerdote o un juez surte efectos jurídicos inmediatos. Los efectos serían nulos, en cambio, en boca de un bombero (Austin 1962, Searle 1989). Sobre expresiones performativas, es muy recomendable Fortuin (2019).

demeures sépulcrales […]
'Yo miraba con inquietud la luz de las lámparas casi consumidas que amenazaban con apagarse. De repente, una armonía parecida al coro lejano de espíritus celestiales sale del fondo de esas moradas sepulcrales.'
[De Wit (2017: 91), ej. 8]

(94)   ESTRATEGIA ESTRUCTURAL
a. **Inglés**:
I drink decaf.
'Bebo descafeinado.'
(Cf. *I drink a cap of decaf right now, 'Bebo una taza de descafeinado ahora mismo'.)
[Bybee (1994: 240-241), ejs. 8 y 9]
b. **Francés**:
Je jou au tennis chaque samedi.
'Juego al tenis todos los sábados.'
[De Wit (2017: 94), ej. 19]

3.1.2. *La naturaleza puntual del evento de enunciación*

De entre todos los acercamientos teóricos a la incompatibilidad del Perfectivo con el presente, me detengo brevemente en el que, a mi juicio, resulta más rentable, pues permite dar cuenta de un mayor número de fenómenos. Se trata del que apunta como causa al carácter puntual o instantáneo del evento de la enunciación. En la formulación de Giorgi y Pianesi (1995)[20], la característica de un evento puntual es que no puede ser "segmentado" por otros eventos. Esto quiere decir que no puede ocurrir que se solapen con él eventos que no se solapen a su vez entre sí y, por tanto, que establezcan relaciones de simultaneidad con partes del evento puntual.

Considérese la Figura III:

FIGURA III. *Naturaleza puntual de H*

---

[20] Esta característica procede de Kamp (1979) y se utiliza originalmente para dar cuenta del modo en que se ordenan los eventos en el discurso.

En la Figura III la elipsis sombreada está por el tiempo de la enunciación. A la izquierda se quiere representar su coincidencia con una forma
verbal Imperfectiva; a la derecha, con una forma verbal Perfectiva. Las
formas verbales Imperfectivas presentan el evento como abierto, como en
curso. Es lo que simbolizan las líneas discontinuas paralelas. Lo crucial es
que una secuencia abierta, o no acotada, convierte los estados que forman
parte de la estructura subeventiva en accesibles a efectos referenciales. Así
las cosas, podemos decir que la simultaneidad se establece entre el tiempo
de la enunciación y el tiempo de uno de estos estados. Esta situación es
compatible con la definición de puntualidad: se solaparían con el momento del habla estados que no se solapan a su vez entre sí. Recuérdese que
entre ellos mediarían relaciones de transición.

Por el contrario, con las formas verbales Perfectivas la secuencia dis-
creta de estados atómicos de los que se compone el evento se nos presenta
como cerrada, como acotada. Es lo que simboliza el rectángulo del di-
bujo de la derecha. Dado que la secuencia se concibe como cerrada, los
estados que la constituyen son inaccesibles a efectos referenciales. Esto
supone que con una forma verbal Perfectiva obtendríamos una relación
de solapamiento entre el evento de la enunciación y la secuencia completa
de estados en que se descompone el evento denotado por el predicado.
Esta situación es incompatible con la definición de puntualidad, puesto
que los subeventos que conforman la estructura no se solapan entre sí[21].

Este planteamiento no solo serviría para entender la incompatibilidad
entre el contenido temporal de presente y el aspectual de Perfectividad,
sino que además nos permite hacer dos predicciones que los datos corroboran. La primera predicción es que el mismo tipo de incompatibilidad
debe observarse cuando la relación de solapamiento con un evento puntual se traslada, por ejemplo, al pasado. Efectivamente, en (95) comprobamos que los dos tiempos de las oraciones sustantivas, tanto el pretérito
imperfecto, que es Imperfectivo, como el pretérito perfecto simple, que es
Perfectivo, pueden expresar anterioridad del tiempo del evento subordinado con respecto al tiempo del evento de habla principal. Sin embargo, solo
el primero puede emplearse además para la expresión de simultaneidad.
El pretérito perfecto simple resulta inaceptable:

(95) a. Juan nos contó que María *trabajaba* en el proyecto.
   √Simultaneidad/√Anterioridad
  b. Juan nos contó que María *trabajó* en el proyecto
   #Simultaneidad/√Anterioridad

---

[21] En Smith y Erbaugh (2015: 176) se propone la *Restricción del Evento Acotado*: "los eventos acotados no pueden localizarse en el presente", que se conecta con la convención tácita de los hablantes
al adoptar la perspectiva temporal presente de que la comunicación es instantánea.

La segunda predicción es que la incompatibilidad debería desaparecer si es posible que el evento que sirve como eje de la deixis temporal no se conciba como puntual. Esto es, precisamente, lo que muestran (96) y (97):

(96)   Juan *sale* ahora de su portal.
(97)   a. *Pie de foto*: *Explota* una bomba en el centro de la ciudad.
        b. *Retransmisión:* El concursante *encuentra* en este momento la pista oculta.

Imaginemos dos posibles contextos para (96). En el primero, (96) representaría las palabras de una persona que está espiando a otra desde su ventana; en el segundo, las palabras de alguien que está consultando su reloj y describiendo lo que a esa hora debe de estar haciendo otro individuo dadas sus costumbres. Nótese que la forma verbal de presente es completamente aceptable en el primer contexto, pero no lo sería en el segundo. En el segundo esperaríamos las formas perifrásticas *está saliendo* o *va a salir.* La razón, a mi modo de ver, hay que buscarla en el hecho de que en el primer contexto el tiempo que sirve de eje de la deixis es el de un evento de percepción, no el de un evento de habla.

Los dos usos del presente que se recogen en (97) ilustrarían el mismo fenómeno: es posible entender que las formas verbales *explota* y *encuentra* nos presentan los eventos que denotan como acotados, precisamente, porque es el tiempo de un evento de percepción el que hace de eje de la deixis temporal. En esta cita de Fernández Ramírez (1951: 2016) se recogía ya esta intuición (véanse además Bertinetto 1986: 343; Smith 1991: 153-154):

> No hay presente puntual en situación normal –a menos que supongamos que la comunicación es simultánea al momento en que se realiza la acción singular–. Esto ocurre –al menos como ficción– en determinados géneros de situaciones (narración literaria en presente, noticia periodística que se comunica bajo la ficción de un testigo ocular) y sin ficción, cuando se es, en realidad, testigo del suceso o del acto. Así en los actos de percepción, en las actas de las sesiones, en la prosa procesal (…) El presente que se usa en los pies de las fotografías, especialmente en la prensa gráfica, describe hechos que se presentan ante los ojos del lector…

En la misma línea, si en contextos como el de (98) sustituimos en la oración principal el verbo de habla por uno de percepción, debería ser igualmente posible emplear un pretérito perfecto simple, una forma verbal con contenido aspectual Perfectivo, para la expresión de simultaneidad. El ejemplo de (98) nos lo confirma. La diferencia con (95b) estriba en la naturaleza no puntual del evento de percepción (Carrasco Gutiérrez 2011):

(98)   Juan vio como María {*aparcaba* ~ *aparcó* el coche}.

3.2. LA EXPRESIÓN DE LOS SIGNIFICADOS TEMPO-ASPECTUALES

En este apartado comprobaremos que no existen formas verbales diferenciadas que gramaticalicen todas las combinaciones posibles de significados tempo-aspectuales.

3.2.1. *(Im)perfectividad y formas verbales de futuro*

La primera falta de correspondencia entre significados tempo-aspectuales y formas verbales sobre la que quiero llamar la atención se ilustra en (99a, b) con datos del español: no existe una forma verbal de futuro diferenciada para expresar aspecto Imperfectivo y Perfectivo:

(99) (R2, F) (R1-R2) (H,R1)
    a. Imperfectividad: ¿Qué *harás* cuando llame?
    b. Perfectividad: ¿Qué *harás* cuando llame?
    c. Perfecto: A las 17:00, *ya habrá hecho* la tarea del cole.
    d. Continuativo: *Llevará* desde las 17:00 *haciendo* la tarea del cole.

La forma de futuro *harás* de los ejemplos puede interpretarse como Imperfectiva o como Perfectiva. La primera lectura sería la más natural si añadimos la respuesta de (100a): la llamada focaliza un instante en el desarrollo del evento (véase 2.3.3, *supra*). La interpretación Perfectiva es la más natural, en cambio, si se añade la respuesta de (100b): la llamada sitúa el límite izquierdo del evento. La clave está en el contexto.

(100) *Dormiré* plácidamente.
    Bajaré el volumen de la radio.

En otras ocasiones ayuda nuestro conocimiento del mundo o las propiedades de Modo de Acción de los predicados. Así, si tomamos (101a) como la respuesta que nos dan tras intentar conseguir una cita médica, el futuro *atenderá* se interpretaría como Perfectivo. La expresión temporal puntual favorece la lectura ingresiva (véase 20, *supra*), esto es, la interpretación según la cual a las 17:00 dará comienzo una cita que llegará a su fin poco después. Adviértase, en cambio, que el predicado estativo de (101b) favorece la interpretación Imperfectiva. (101b) podría ser la respuesta de un profesor que tiene clase de 10:00 a 11:00 y debe quedar con quien pasará a las 10:30 las encuestas de satisfacción a los estudiantes. Basten los ejemplos de (101c, d) para mostrar que el comportamiento del condicional es en todo equivalente al del futuro:

(101) a. El médico le *atenderá* a las 17:00.

b. A las 10:30 *estaré* en el aula F03.
c. [Nos dijo que] El médico le *atendería* a las 17:00.
d. [Nos dijo que] A las 10:30 *estaría* en el aula F03.

Hay dos formas posibles de manejar estos datos. Una es sostener simplemente que no existe relación biunívoca entre contenidos tempo-aspectuales y formas verbales, un fenómeno en el que no está involucrado solo el futuro, como mostraré en 3.2.2. La segunda manera de dar cuenta de los datos es proponer la existencia de un nuevo contenido aspectual. Este es el camino que recorre Smith (1991).

Carlota Smith (1991) acuñó el término aspecto *neutro* (*neutral aspect*) para dar cuenta del hecho de que determinadas formas verbales que no marcan morfológicamente la distinción entre los contenidos de aspecto Perfectivo e Imperfectivo pueden dar lugar tanto a interpretaciones cerradas como a interpretaciones abiertas. Con las primeras, como sabemos, haríamos afirmaciones acerca del tiempo completo del evento; con las segundas, tan solo acerca de una parte del tiempo del evento. A juicio de esta autora, tanto el presente como el futuro del francés serían aspectualmente neutros. En (102) se recogen dos de sus ejemplos con presente:

(102)   a. Marie sourit toujours quand Paul arrive à la maison.
            'M. siempre sonríe cuando P. llega a casa.'
         b. La vedette traverse la scène.
            'La estrella cruza el escenario.'
            [Smith (1991: 264), ejs. 23 y 22]

Fíjese el lector en que estos ejemplos son similares a otros vistos en el subapartado 3.1, dedicado a la paradoja del presente Perfectivo. El presente de (102a) no sirve para situar un evento específico como simultáneo con el momento del habla, sino para describir un hábito. Los hábitos se han descrito en 2.3.3 como macroeventos complejos constituidos por microeventos. En cuanto al presente de (102b), se trataría de un ejemplo paralelo al de (96), *Juan sale ahora de su portal*. Habría cambiado el tipo de evento que funciona como eje de la deixis temporal: ya no se trataría de un evento de habla, sino de uno de percepción. El carácter puntual de los primeros es lo que estaría detrás de la imposibilidad de expresar simultaneidad con formas verbales Perfectivas. Puesto que en este libro ejemplos como los anteriores se están considerando ilustración de un problema diferente del que tratamos en este subapartado, seguimos camino prestando atención únicamente a ejemplos con futuros.

Los tenemos en (103). En (103a) la lectura más natural sería la Perfectiva (ingresiva): la expresión temporal *quand Marie entrera dans le bureau* sitúa el límite izquierdo del evento consistente en cantar Jean. En (103b), la Imperfectiva: la expresión temporal focaliza un punto en el desarrollo del evento consistente en dormir Jean:

> (103) a. Jean chantera quand Marie entrera dans le bureau.
> 'J. cantará cuando M. entre en la oficina.'
> b. Jean dormira quand Marie entrera dans le bureau.
> 'J. dormirá cuando M. entre en la oficina.'
> [Smith (1991: 120), ejs. 48 y 49]

A mi modo de ver, la cuestión fundamental es la interpretación que hagamos de la etiqueta *neutro*. Para Smith (1991), se trataría de un contenido aspectual distinto de los vistos hasta ahora. No obstante, todos los ejemplos anteriores apuntan a que la forma de futuro asume las interpretaciones Perfectiva e Imperfectiva por ser la única forma verbal para la fórmula temporal correspondiente con que cuenta el paradigma verbal. Podría hablarse en todo caso de infraespecificación de la forma de futuro con respecto a la información de Aspecto. Hay un único argumento que podría inclinar la balanza. Considérense las oraciones de (104):

> (104) a. El tren {*entraba* ~ *entró*} en la estación cuando estalló la bomba.
> b. El tren *entrará* en la estación cuando estalle la bomba.

Una forma verbal Imperfectiva en combinación con un predicado que denote un proceso télico instantáneo, un logro, podría seleccionar el tiempo anterior a la culminación del evento. *Entrar*, en combinación con sujetos que denotan entidades como los trenes, es uno de estos predicados (véase 64e, *supra*). Fijémonos en que en (104a), con el pretérito imperfecto podemos entender que el estallido de la bomba impidió la culminación del evento: el tren no llega a estar dentro de la estación. Así las cosas, lo que el tiempo del foco nos estaría dejando ver es una parte del tiempo previo a la culminación. Pues bien, esta interpretación no está disponible en (104b). La lectura que obtenemos con el futuro es que el evento consistente en entrar el tren en la estación sigue al evento consistente en estallar la bomba, la misma que con el pretérito perfecto simple de (104a). Se pierde, pues, la interpretación que acabamos de describir.

Recojo en (105a) uno de los ejemplos originales de la propia autora. La inaceptabilidad reside en la contradicción que encierra afirmar al mismo tiempo que el caballo ganará la carrera y que no lo hará. Fuera del futuro esa incompatibilidad no es tal, como vemos en el ejemplo (105b) del español.

> (105) a. #Le cheval gagnera le course mais il ne gagnera pas.

'El caballo ganará la carrera, pero no la ganará.'
[Smith (1991: 122), ejs. 54a y 54b]
   b. El caballo ganaba la carrera, pero se torció la pata y no pudo ganarla
      finalmente.

Los problemas que a mi modo de ver presenta la postura de Smith son dos. Por un lado, se asume que con el contenido Imperfectivo puede seleccionarse la fase previa del evento denotado por un predicado de logro y no afirmar así su culminación, pero no se explora la conexión que pueda tener este fenómeno con el hecho de que los ejemplos pertinentes se construyan en pasado. La perspectiva que desde el momento de la enunciación se tiene sobre el pasado, sobre lo ya acaecido, es muy distinta de la que se tiene sobre el futuro, sobre lo que está por venir. En cualquier caso, creo que los contextos se pueden forzar para que un futuro encaje en ejemplos del tipo de los de (104a). Lo vemos en (106), que representaría los planes de quienes proyectan detener un tren.

(106)   Sincronicemos los relojes. A las 17:00, el tren *entrará* en la estación, pero el corte de luz impedirá que llegue al final de la vía.

Adviértase que el futuro de (106) tiene la misma interpretación que el pretérito imperfecto de (104a). Para ello, la situación futura debe manejarse como una situación pasada. En eso consiste la ficción de diseñar un plan. Por consiguiente, el argumento que podría inclinar la balanza a favor del planteamiento de Smith (1991) pierde fuerza.

El segundo problema deriva de cómo Smith (1991: 123) acaba definiendo el nuevo contenido aspectual (la cursiva es mía):

El punto de vista neutro permite lecturas tanto abiertas como cerradas. *Su intervalo incluye el punto inicial y al menos una etapa interna de la situación* [...] El punto de vista neutro complementa el resto de puntos de vista en cuanto a la cantidad de información que hace visible sobre un evento. El punto de vista neutro incluye uno de los límites, el perfectivo los dos, *el imperfectivo ninguno de ellos.* Así, a diferencia del imperfectivo el punto de vista neutro permite interpretaciones cerradas de manera inferencial.

Esta definición no se ajusta al comportamiento de formas verbales que pueden interpretarse como Perfectivas o como Imperfectivas dependiendo del contexto, de las propiedades accionales del predicado o de nuestro conocimiento del mundo. Más bien, describe un contenido aspectual con propiedades mixtas, como el Continuativo. Recuérdese que el aspecto Continuativo coincide en parte con el Perfectivo y en parte también con el Imperfectivo. Igual que el primero, el tiempo del foco incluye el límite izquierdo del tiempo de la situación; igual que el segundo, no se afirma el límite derecho (véase 2.1, *supra*). En este punto me gustaría que el lector comprobara por sí mismo cómo se parece la definición de Smith a la que hacen otros autores del Continuativo. La siguiente está tomada de García Fernández y Martínez Atienza (2003: 32): "Esta variedad aspectual focaliza o afirma un evento *desde su inicio hasta un punto central del mismo*, sin afirmar su final" (pág. 32, destaco en cursiva lo relevante). Esta definición correspondería al significado de (99d), *Llevará desde las 17:00 haciendo la tarea del cole*. Pero no podría describir el significado de las formas simples de futuro de este apartado. Considérense las representaciones de los significados de (107a) y (107b):

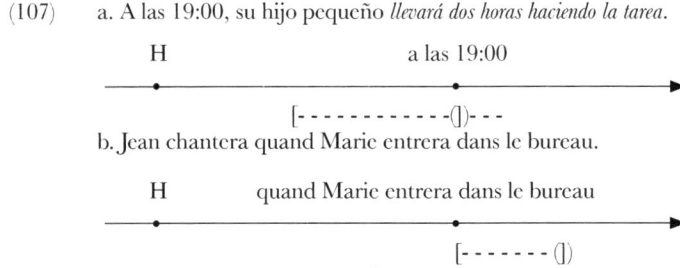

(107)   a. A las 19:00, su hijo pequeño *llevará dos horas haciendo la tarea.*

b. Jean chantera quand Marie entrera dans le bureau.

Con el primer significado ya está familiarizado el lector, es el de la perífrasis Continuativa. La expresión temporal *a las 19:00* sitúa en la línea temporal el punto del futuro hasta donde se extiende el evento consistente en hacer su hijo pequeño la tarea. El límite izquierdo puede ser calculado con la información de la expresión temporal *dos horas*. La segunda representación relaciona la definición de aspecto Neutro de Smith con el significado del futuro de la oración principal de (107b). Como se decía arriba, la expresión temporal *quand Marie entrera dans le bureau* sitúa el límite izquierdo del evento consistente en cantar Jean, pero ¿podemos decir que no se afirma el límite derecho? A mi modo de ver, la respuesta es sí solo si estamos ante la interpretación Imperfectiva del futuro. La interpretación Perfectiva nos obliga a responder negativamente. De lo contrario, la descripción gramatical se convierte en descripción del mundo. Sobre situaciones que no han tenido lugar nada sabemos, efectivamente. De hecho, ni siquiera estamos seguros de que Marie cantará cuando Jean entre en la oficina y, sin embargo, hablamos de que se focaliza el límite izquierdo de la situación. Al hacerlo ignoramos el carácter contingente del futuro y nos centramos en las propiedades gramaticales. Pues de la misma manera hemos de proceder con una forma verbal con lectura ingresiva: debemos

entender que la situación culmina o cesa poco después. Las oraciones
de (108a, b) hacen más explícitas estas opciones. Aunque *tocar canciones
tradicionales* denota una situación durativa no télica no parece que quien
anuncia lo que va a ocurrir cuando María entre en la oficina piense en
una circunstancia como la que describe (108c):

> (108)   Cuando María entre en la oficina, Juan
>   a. le hará una foto.
>   b. tocará canciones tradicionales.
>   c. #tocará canciones tradicionales el resto de su vida.

Termino señalando que otro aspecto problemático de la definición
es que atribuye al aspecto Neutro incluir el punto inicial del tiempo del
evento. Este punto se incluye, por ejemplo, en (100b), *Bajaré el volumen de la
radio*, y (101a), *El médico le atenderá a las 17:00*. Sin embargo, no se incluye
ni en (100a), *Dormiré plácidamente*, ni en (101b), *A las 10.30 estaré en el aula
F03*, salvo que entendamos que ese punto inicial se infiere: un evento en
curso es un evento que tiene un estado inicial. Pero obsérvese que en ese
caso la parte de la definición que no se ajustaría a los hechos sería la de
que el aspecto Imperfectivo no incluye ninguno de los límites del evento.
Cualquier tiempo Imperfectivo nos permite inferir el límite izquierdo
del evento.

3.2.2. *No están todos los que son*

En 3.2.1 hemos visto que una única forma verbal de futuro o condicional se utiliza para la expresión tanto del contenido de aspecto Perfectivo como del Imperfectivo. En este apartado, me detengo en formas
verbales que se pueden hacer corresponder con más de un significado
temporal. Las recojo en la Tabla X. El aspecto Continuativo no se ha
incluido por estar integradas en la conjugación las perífrasis con las que
lo expresamos.

Estructura temporal	Nuevo nombre	Contenido aspectual	Forma verbal
(F-R2) (R1,R2) (R1-H)	Pasado anterior	Perfectivo Imperfectivo Perfecto	*Había cantado* *Cantaba* *(ya) Había cantado*
(R2,F) (R1,R2) (R1-H)	Pasado simple	Perfectivo Imperfectivo Perfecto	*Cantó* *Cantaba* *(ya) Había cantado*

(F-R2) (R1-R2) (R1-H)	Ante-pasado posterior	Perfectivo Imperfectivo Perfecto	*Habría cantado* Ø *(ya) Habría cantado*
(R2,F) (R1-R2) (R1-H)	Pasado posterior	Perfectivo Imperfectivo Perfecto	*Cantaría* *Cantaría* *(ya) Habría cantado*
(F-R2) (R1,R2) (H,R1)	Presente anterior	Perfectivo Imperfectivo Perfecto	*Ha cantado* *Cantaba* *(ya) Había cantado*
(R2,F) (R1,R2) (H,R1)	Presente simple	Ø Imperfectivo Perfecto	Ø *Canta* *(ya) Ha cantado*
(F-R2) (R1-R2) (H,R1)	Ante-presente posterior	Perfectivo Imperfectivo Perfecto	*Habrá cantado* Ø *(ya) Habrá cantado*
(R2,F) (R1-R2) (H,R1)	Presente posterior	Perfectivo Imperfectivo Perfecto	*Cantará* *Cantará* *(ya) Habrá cantado*

TABLA X. *Inventario de significados tempo-aspectuales y formas verbales*

La correspondencia entre significados tempo-aspectuales y formas verbales recogida en la Tabla X corresponde a la variedad del español europeo del centro peninsular (variedad A1, en el apartado 4.1, *infra*). Voy a ejemplificar el asunto que nos ocupa en este apartado con los dos tiempos a los que la tradición gramatical española denomina *pretérito imperfecto* y *pretérito pluscuamperfecto*. Como podemos comprobar en los ejemplos de (109), el primero es la forma verbal con significado aspectual Imperfectivo que podemos hacer corresponder con las tres fórmulas temporales de *pasado simple* (109a), *pasado anterior* (109b) y *presente anterior* (109c).

(109)   a. [Llegué a casa a las 17:00.] Mi hijo pequeño *hacía* la tarea del cole.
    Significado temporal: (R2,F) (R1,R2) (R1-H)
    Significado aspectual: - - [- - -] - -
    b. [Había llegado a casa hacía tres horas.] Su hijo pequeño *hacía* la tarea del cole.
    Significado temporal: (F-R2) (R1,R2) (R1-H)
    Significado aspectual: - - [- - -] - -
    c. [He llegado a casa poco antes de las 17:00.] Mi hijo pequeño *hacía* la tarea del cole.
    Significado temporal: (F-R2) (R1,R2) (H,R1)
    Significado aspectual: - - [- - -] - -

En los ejemplos incluyo entre corchetes el contexto que nos sirve para situar el tiempo del foco en la línea temporal. En (109a, b), F se sitúa en la esfera del pasado (R1-H); en (109c), en la esfera del presente (H,R1). En (109b), a diferencia de (109a), la relación de anterioridad es doble: F se sitúa como anterior a un tiempo también anterior a H. Estos mismos contextos nos ayudan a entender también debajo los posibles significados temporales del pretérito pluscuamperfecto.

El pretérito pluscuamperfecto es la forma verbal Perfectiva correspondiente en español a la fórmula temporal de *pasado anterior* (110a) y la forma verbal de Perfecto correspondiente a esta misma fórmula (110b) y a las del *pasado simple* (110c) y *presente anterior* (110d):

> (110)   a. [Juan nos lo confirmó:] *Había llegado* a casa hacía tres horas.
>   *Significado temporal:*   (F-R2) (R1,R2) (R1-H)
>   *Significado aspectual:*   [- - -]
>
>   b. [Había llegado a casa hacía tres horas.] Su hijo pequeño ya *había hecho* la tarea del cole.
>   *Significado temporal:*   (F-R2) (R1,R2) (R1-H)
>   *Significado aspectual:*   . . . [. . . .] . . .
>
>   c. [Llegué a casa a las 17:00.] Mi hijo pequeño ya *había hecho* la tarea del cole.
>   *Significado temporal:*   (R2,F) (R1,R2) (R1-H)
>   *Significado aspectual:*   . . . [. . . .] . . .
>
>   d. He llegado a casa poco antes de las 17:00.] Mi hijo pequeño ya *había hecho* la tarea del cole.
>   *Significado temporal:*   (F-R2) (R1,R2) (H,R1)
>   *Significado aspectual:*   . . . [. . . .] . . .

Es de esperar que una distinción morfológica no presente en una lengua pueda hallarse en otra lengua próxima. Baste con un ejemplo para ilustrar esta idea. En algunas variedades del francés (en particular de la zona occitana, Poletto 2009) se registran tiempos que pueden considerarse equivalentes a los pretéritos pluscuamperfectos de (110b) y (110d). Se trata de los tiempos *sobrecompuestos* de (111) y (112), respectivamente.

> (111)   **Francés**:
>   Dès que Chantal *avait eu terminé* sa thèse, elle était partie pour les États-Unis.
>   Lit. 'En cuanto Ch. había habido terminada la tesis, se había ido a los Estados Unidos.'
>   [Vet (2007: 12), ej. 11]
>
> (112)   **Francés**:
>   Dès que Chantal *a eu terminé* sa thèse, elle est partie pour les États-Unis.
>   Lit. 'En cuanto Ch. ha habido terminada la tesis, se fue a los Estados Unidos.'
>   [Vet (2007: 12), ej. 12]

Encontramos formas verbales sobrecompuestas asimismo en dialectos del norte de Italia y también en algunas lenguas germánicas:

> (113)   a. **Cereda (Véneto rural central)**:
>   Co go bio magnà,…
>   Lit. 'Cuando (yo) había tenido comido...'
>   [Poletto (2009: 31), ej. 1]
>   b. **Suizo alemán**:
>   I ha gässa cha und denn bin i hei gange
>   Lit. 'Yo había tenido comido y entonces me había ido a casa.'
>   [Poletto (2009: 32), ej. 3]

Para simplificar vamos a seguir con los ejemplos del francés. Los tiempos sobrecompuestos se construyen con dos formas auxiliares. La primera porta la morfología verbal. La segunda es la forma del participio de *avoir*, 'haber' o *être*, 'ser'. En palabras de Vet (2007: 22): "...el primero de los dos *avoir* + Participio Pasado tiene que ser interpretado como ANTERIOR y el segundo como RESULTADO". En nuestros términos, esto quiere decir que *avait eu terminé* tiene significado de pasado anterior Perfecto (111); *a eu terminé*, de presente anterior Perfecto (112). La interpretación de (112), por ejemplo, sería para este autor (pág. 23): "en algún punto de referencia R anterior a P (ANTERIOR) el resultado (E") de la eventualidad 'Chantal terminar la tesis' [...] fue cierto". La representación arbórea siguiente recoge esta interpretación. Para la interpretación de (111) bastaría sustituir P,E$_o$ (el tiempo de referencia es simultáneo con el de enunciación) por P-E$_o$ (el tiempo de referencia es anterior al de enunciación):

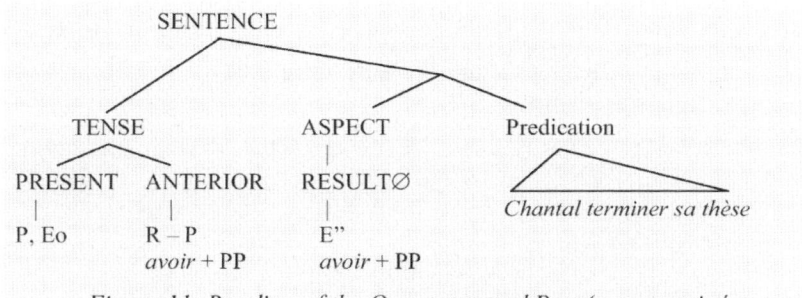

Figure 11: Reading of the Overcomposed Past (a eu terminé
'has had finished')

Un hecho que merece la pena destacar es que la equivalencia señalada entre el español y el francés no es completa. En la Tabla X hay dos formas verbales más candidatas a tener un equivalente sobrecompuesto, pues reúnen los dos significados de anterioridad temporal (F-R2) e interpretación de Perfecto: el *ante-presente posterior* Perfecto (114a) y el *ante-pasado posterior* Perfecto (114b).

> (114)   a. Te recogeré a las 23:00, pero un par de horas antes *ya habré cerrado las maletas.*
>   b. Le recogería a las 23:00, pero un par de horas antes *ya habría cerrado las maletas.*

Una posible explicación se apunta también en el trabajo de Vet (2007: 23): "los hablantes nativos de francés no aceptan fácilmente un Futuro sobrecompuesto (que tendría la forma *aura eu terminé*, 'habrá tenido terminado'). La explicación es que el Futuro perfecto (*aura terminé* 'habrá terminado') no ha desarrollado una lectura ANTERIOR (solo tiene una lectura de estado resultante). Lo mismo se aplica al futuro Perfecto del Pasado (*aurait terminé*, 'habría terminado')". Esto significaría que las formas del francés corresponden a un *presente posterior* Perfecto y a un *pasado posterior* Perfecto. En su sistema temporal no existirían las filas correspondientes al ante-presente posterior y al ante-pasado posterior.

Para cerrar este apartado, le pedimos al lector que repare en las filas mencionadas y, más en concreto, en el hueco que se señala con el símbolo de conjunto vacío en el significado aspectual Imperfectivo. Este vacío es una nueva evidencia del menor número de formas verbales con que cuenta la subesfera del futuro para las relaciones tempo-aspectuales. Ninguna de las formas simples, *cantará* y *cantaría*, podrían cubrirlo. La razón reside en que *cantará* y *cantaría* contienen la indicación de que F es simultáneo con R2 (R2,F). Los huecos tendrían que estar ocupados por una forma verbal con la indicación de que F es anterior a R2 (F-R2). Sirva como prueba el siguiente ejemplo:

> (115)   Te recogeré a las 23:00. Juan {*habrá imprimido* ~ **imprimirá*} los billetes hará dos horas.

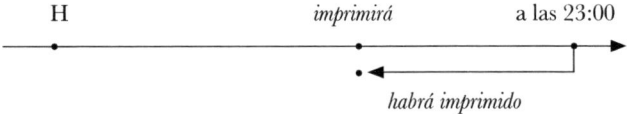

Fíjese el lector en que la forma *habrá imprimido* nos presenta la situación como anterior y cerrada en relación con el punto de referencia representado por *a las 23:00*. Por el contrario, *imprimirá* la sitúa en la línea temporal con respecto a H. La prueba está en los distintos juicios que nos merecen las secuencias de (115) en combinación con la expresión temporal de antefuturo *hará dos horas*. Como vemos, solo la combinación de *hará dos horas* con el futuro *imprimirá* provoca agramaticalidad. Sobre la denotación de *hará dos horas*, baste el siguiente fragmento de García Fernández (2000b: 57):

hace- Pretérito: sitúa el evento al que modifica como anterior al momento de la enunciación: *El presente dimitió hace dos días.*

hacía- Pretérito: sitúa el evento al que modifica como anterior a un momento que es a su vez anterior al momento de la enunciación: *Había llegado a Berlín hacía unas horas.*

hará- Antefuturo: sitúa el evento al que modifica como anterior a un momento que es posterior al momento de la enunciación: *Cuando lleguen sus padres, Juan habrá terminado la tesis hará un mes.*

Los datos vistos en este apartado revelan que de la mano de la variación interlingüística nos asomamos a un nuevo desvío: se trataría de mostrar cómo se fijan las correspondencias entre significados tempo-aspectuales y formas verbales que los expresan en las distintas variedades de una misma lengua y en lenguas filogenéticamente próximas. En esta línea, por poner un ejemplo conocido por todos, podemos señalar que la adscripción del pretérito perfecto simple a la fórmula temporal del *pasado simple* y la del pretérito perfecto compuesto a la fórmula del *presente anterior* nos sitúa en la norma del español estándar peninsular. En las variedades del español habladas en Galicia y Asturias se adscribiría a estas fórmulas una única forma verbal, la de pretérito perfecto simple. Pero en otras lenguas románicas, como el francés no literario o el italiano hablado en el centro y norte de la península italiana, esta extensión de significado se produce en sentido inverso: sería el pretérito perfecto compuesto la forma Perfectiva correspondiente a las fórmulas del *pasado simple* y del *presente anterior*. Dedico a esta cuestión el siguiente capítulo, que se completará con pistas también sobre la distribución del futuro.

En lo que queda de este capítulo mencionaré otros posibles recorridos, esto es, cuestiones que entroncan y desarrollan algo más los asuntos tratados. En 3.3.1 vuelvo a la paradoja del presente perfectivo; en 3.3.2, a la noción de 'neutralidad' y termino en 3.3.3 con formas verbales no recogidas en la Tabla X por su naturaleza no deíctica.

3.3. Algunas claves para no perder el hilo

3.3.1. *De nuevo sobre la paradoja del presente Perfectivo*

En 3.1 he prestado atención al modo en que habitualmente se entiende la paradoja del presente Perfectivo: como la imposibilidad de que una forma verbal que indique simultaneidad con el tiempo del habla pueda expresar al mismo tiempo contenido aspectual Perfectivo. Aquí me quiero detener en otra interpretación que el lector puede encontrar al consultar a De Wit (2017: 37-38). Esta autora incluye en este mismo fenómeno la imposibilidad de algunas lenguas de indicar simultaneidad con el tiempo de la enunciación mediante el presente de predicados que denoten eventos no estativos. Es el caso del inglés. En esta lengua, son absolutamente gramaticales ejemplos como los de (116), con predicados estativos, pero no lo serían ni (117a) ni (117b), con predicados dinámicos. En estos últimos ejemplos se muestran las alternativas, esto es, dos estrategias *estructurales*, según la clasificación de 3.1.1: bien se sustituye el presente simple por la perífrasis progresiva, bien una lectura de ocurrencia múltiple reemplaza a la de ocurrencia única[22]:

(116) **Inglés**:
    a. Now I understand your question.
    'Ahora entiendo tu pregunta.'
    b. Your keys are on the table.
    'Tus llaves están en la mesa.'
    [De Wit (2017: 36, 55), ejs. 3 y 2]

(117) **Inglés**:
    a. Please be quiet, I *talk/am talking on the phone right now.
    'Por favor, silencio, hablo/estoy hablando por teléfono justo ahora.'
    b. I type letters *right now/whenever she asks me to.
    'Escribo cartas justo ahora/siempre que me lo pide.'
    [De Wit (2017: 2, 36), ejs. 2 y 5][23]

---

[22] De Wit (2017: 56) incluye ejemplos como el siguiente: *I've lived/*live in Boulder since 2004*, 'He vivido/Vivo en B. desde 2004'. A su juicio el pretérito perfecto compuesto del inglés con interpretación Continuativa permitiría también la expresión de simultaneidad con el tiempo del habla. Nótese, sin embargo, que el predicado es estativo y no se incluye, por tanto, entre los que dan lugar a la paradoja del presente Perfectivo. La agramaticalidad tiene que deberse, por tanto, a que en inglés el presente no admite interpretación Continuativa.

[23] En inglés es posible expresar habitualidad también con formas verbales de futuro (Binnick 2005):

(i) Sam will drink alcohol. (= Sam drinks alcohol)
    'S. bebe alcohol.'
    [Carlson (2012: 834), ej. 5b]

La expresión de habitualidad sería una estrategia para *imperfectivizar* el presente tanto porque se vincula con intervalos abiertos como porque los hábitos se conciben como propiedades caracterizadoras, según lo visto en 2.3.3, *supra*. Por lo que respecta a la perífrasis progresiva, se ha considerado una estrategia para *estativizar* el predicado. Este tipo de caracterizaciones son frecuentes desde la perspectiva de que si no hay compatibilidad entre las propiedades semánticas de un constituyente seleccionado y las del constituyente que lo selecciona se activa un mecanismo de coerción aspectual para reparar el conflicto (Lauwers y Willems 2011).

Sobre el fenómeno de la estativización volveré en el apartado 5.2.2, *infra*. Termino mencionando que otro interesante hilo del que tirar es el de la conexión entre Imperfectividad y significado progresivo. Los estudios tipológicos indican que la codificación del significado progresivo en una lengua es independiente del hecho de que en esa misma lengua se codifique el aspecto Imperfectivo. Esto lleva a las cuatro posibilidades que se recogen en (118): hay lenguas que codifican uno de ellos (118b, c); lenguas que codifican ambos (118d) y lenguas que no codifican ninguno (118a):

(118)   IMP   PROG

a.   Ø   Ø   alemán
b.   Ø   √   inglés
c.   √   Ø   árabe
d.   √   √   hindi, italiano

[Deo (2012:165)]

3.3.2. *Otras posibles manifestaciones de la neutralidad aspectual*

En este apartado nos detendremos en otros contextos en que se han advertido comportamientos aspectuales atípicos que han llevado a manejar la noción de 'neutralidad'. Es el caso de abundantes trabajos sobre lenguas como el japonés, el chino mandarín, el hindí o el tai. En estas lenguas no es obligatorio que las formas verbales Perfectivas conlleven la culminación del evento en combinación con predicados que denotan eventos télicos durativos (realizaciones, en Vendler 1957). En otras palabras, en este tipo de lenguas es posible decir sin contradicción que nos hemos comido mi/la tarta y que queda algo (119). Es lo que se denomina en Singh (1991, 1998) *paradoja Perfectiva*.

(119)   a. **Hindi**:

mãẽ ne aaj apnaa kek khaayaa aur baakii   kal   khaaũũgaa
I ERG today mine cake eat-PERF and remaining tomorrow eat-FUT
'*Me comí mi tarta hoy y me comeré el resto mañana.'

b. **Japonés**:
watashi-wa keeki-o   tabeta   dakedo keeki-wa   mada nokotteiru
I-NOM   cake ACC ate-PERF but   cake-NOM still remains
'*Me comí la tarta, pero queda algo aún.'
[Singh (1998: 172), ejs. 3 y 4]

Por concretar un poco más, en hindi la marca de aspecto Perfectivo puede aparecer en un verbo simple (120a) o en el verbo auxiliar de una forma compuesta (120b):

(120)   **Hindi**:
a. dekh-aa
   see-PERF (a simple verb)
b. dekh li-ya
   see   take-PERF (a compound verb)
[Singh (1991: 470), ejs. 4 y 5]

Para entender su distribución, hay que tener en cuenta dos diferencias fundamentales. La primera es que la forma compuesta únicamente puede ser utilizada si el evento incluye un fin natural. Por tanto, con predicados que denotan estados o procesos orientados a la trayectoria (actividades, en Vendler 1957) solo puede emplearse la forma simple del verbo. La segunda diferencia es que con la forma compuesta se indica obligatoriamente la culminación del evento. Estaría excluida, por tanto, en un contexto como el de (121), en que se niega explícitamente que se haya alcanzado el fin inherente:

(121)   **Hindi**
*mãẽ ne   kek   khaa liyaa,   jo   bacaa   hae wo raam khaayegaa
I   ERG cake eat   take-PERF what remain is   that Ram eat-FUT
'*Me comí la tarta y R. se comerá lo que queda.'
[Singh (1998: 173), ej. 5]

Así las cosas, la interpretación de no culminación del evento se consigue únicamente con la forma Perfectiva del verbo simple. Es a esta interpretación a la que se denomina *neutra*: "llamaré a este punto de vista perfectivo neutro porque, como el perfectivo estándar, presenta el evento como un todo. Sin embargo, en contraste con el perfectivo estándar, no requiere que el evento se haya completado" (Singh 1998: 173).

Finalmente, hay que añadir que la interpretación neutra es una interpretación partitiva: se completa únicamente una parte del proceso. Simplificando mucho, está restringida sintácticamente a predicados verbales que incluyen sintagmas nominales que denotan objetos preexistentes. Esto explicaría el contraste entre (122a) y (122b):

(122) **Hindi**
a. miiraa ne   baraf pighaalii   par puurii   nahii pighaalii
   Mira   ERG ice   melt-CAU-PERF but completely NEGmelt-CAU-PERF
   'M. derritió el hielo, pero no lo derritió completamente.'
b. *miiraa ne   baraf banaaii   par puurii   nahii banaaii
   Mira   ERG ice   make-PERF but completely NEG make-PERF
   '*M. hizo el hielo, pero no lo hizo completamente.'
   [Singh (1998: 119), ejs. 46 y 47]

En el primer ejemplo *baraf*, 'hielo', es un objeto que existe con independencia del proceso consistente en derretirlo. La forma verbal Perfectiva nos
presenta como cerrada tan solo una parte de ese proceso. En el segundo
ejemplo, en cambio, el hielo es el resultado de la culminación del propio
evento consistente en hacerlo. Por eso, resulta contradictorio afirmar al
mismo tiempo que el hielo fue hecho y que no fue hecho completamente.

Iatridou, Anagnostopoulou e Izvorski (2001) señalan que en búlgaro
las lecturas no acotadas en pasado se obtienen por medio de dos morfemas, uno Imperfectivo y otro que denominan *neutro*, siguiendo a Smith
(1991) (véase 2.1, *supra*). Pues bien, atendiendo exclusivamente a los predicados télicos, en el artículo se dice que es posible obtener una lectura
no acotada en pretérito perfecto compuesto, esto es, de no culminación
del evento, precisamente, porque el participio puede formarse sobre la
base de estos morfemas. Los predicados télicos no durativos, los logros,
formarían el participio con el morfema Imperfectivo. Los durativos, es
decir, las realizaciones, lo harían con el morfema neutro.

(123) **Búlgaro**:
Tja e izpila   vinoto (#no ne znam dali go e izpila
ella es beber-PART.PERF el-vino pero no sé   si ello es drink-PART.PERF
cjaloto).
todo
'Ella se ha bebido el vino (*pero no sé si se lo ha acabado).'

(124) **Búlgaro**:
Tja e pila   vinoto (#no ne znam dali go e izpila.
ella es beber-PART.NEUT el-vino pero no se   si   ello es drink-PART.PERF
cjaloto).
todo
'Ella se ha estado bebiendo el vino (pero no sé si se lo ha acabado).'
[Iatridou, Anagnostopoulou e Izvorski (2001: 210), ejs. (38a, b)]

Iatridou, Anagnostopoulou e Izvorski utilizan el término *neutro* en un
sentido distinto a Smith (1991), pues le dan este nombre a un morfema
diferenciado. Pero adviértase que el morfema aparece en los contextos en
los que en otras lenguas se ha hablado de *paradoja Perfectiva*.

Al lector puede interesarle saber que el fenómeno de no expresar la culminación del evento con formas verbales Perfectivas de predicados que denotan eventos télicos durativos no es del todo desconocido en las lenguas romances y germánicas. Otro desvío interesante de nuestro camino. A continuación, proporcionaré dos tipos de ejemplos. El primero lo constituyen secuencias como la de (125), que contiene un predicado no causativo:

> (125)   Esta mañana *he leído* {*la Biblia* ~ *la Constitución española* ~ *el Código de la circulación*}[24].

La interpretación de no culminación de (125) podría vincularse con la lectura partitiva de los argumentos internos de *leer*. La *Biblia*, la *Constitución española* y el *Código de la circulación* representan objetos de lectura con propiedades, tal vez pragmáticas, que los asemejan a los nombres de masa. En otras palabras, de la misma manera que a uno no se le mete toda la arena en el zapato, sino solo un puñado, uno no se suele leer toda la constitución, sino solamente algunos capítulos (véase Demirdache y Martin 2015 y las referencias allí citadas)[25].

Paso ahora al segundo tipo de ejemplos en que no se expresaría la culminación del evento con formas verbales Perfectivas de predicados télicos. Fijémonos en (126). Los ejemplos están inspirados en los que Demirdache y Martin (2015) utilizan para ilustrar su *Hipótesis del Control del Agente* (*Agent Control Hypothesis*):

> (126)   a. Juan me *ha enseñado portugués*, pero yo no he aprendido nada.
> b. Su estancia junto al mar lo *ha sanado*, aunque no por completo.
> c. # Ese magnífico programa me *ha enseñado portugués*, pero yo no he aprendido nada.

Estas autoras sostienen que las lecturas de no culminación con realizaciones pueden obtenerse también con predicados causativos. Los predicados causativos implican un evento de acción y otro de cambio de estado. La no culminación puede entenderse, o bien como no consecución del estado resultante (véase 126a), o bien como consecución parcial (126b). La segunda interpretación es posible con un argumento externo con un papel temático de simple causa. Para obtener la primera,

---

[24] Me inspiro en el ejemplo (14) de Pancheva (2003: 286).

[25] Existen lenguas en que estos ejemplos no se construirían con formas verbales Perfectivas, pues estas se reservan para aquellos casos en que se transmite el significado de que el resultado se ha alcanzado o de que el objeto se ve afectado completamente. Se trata de Perfectivos *fuertes* (Dahl y Velupillai 2005: 267 y las referencias allí citadas).

el argumento externo debe ser un agente. Eso explica la razón de la inaceptabilidad de (126c)[26].

Recordemos para terminar algo que vimos en el apartado 3.2.1 a
propósito de ejemplos como (104a), *El tren* {entraba ~ entró} *en la estación
cuando estalló la bomba*, a saber, que la formas verbales Imperfectivas en
combinación con predicados télicos provocan una interpretación de no
culminación del evento. Para este fenómeno se ha acuñado la denominación de *paradoja Imperfectiva* (Dowty 1977, 1979). (127) es un nuevo ejemplo:

(127)   Cuando llamó María, Juan *escribía una carta*. Después le dio pereza seguir.

La paradoja surge de las distintas implicaciones de verdad que se derivan de las proposiciones expresadas por oraciones como (127) y (128a).
En concreto, del hecho de que Juan estuviera envuelto en el momento
en que llamó María en la situación consistente en llorar (128a), se deriva
que Juan lloró (128b). Por el contrario, del hecho de que Juan estuviera
envuelto en la situación consistente en escribir una carta, no se deriva
que Juan escribiera una carta (véase el apartado de *Referencias comentadas*).

(128)   a. Cuando llamó María, Juan *lloraba* desconsoladamente.
         b. Juan lloró.

3.3.3. *Formas verbales no deícticas*

Una de las preguntas a las que se ha prestado atención en este capítulo
ha sido si existen formas verbales diferenciadas para la expresión de todas
las combinaciones posibles de significados tempo-aspectuales. Las formas
verbales que hemos estado considerando son todas flexivas. El camino nos
ofrece, por tanto, la posibilidad también de desviarnos para responder a
la pregunta de si es posible atribuir significados tempo-aspectuales a las
formas no flexivas de infinitivo, gerundio y participio, que serían lo más
parecido a las formas verbales sin tiempo morfológico de otras lenguas
(véase el capítulo 6, *infra*). Quienes nos hemos ocupado de esta cuestión
hemos señalado que la defectividad morfológica se traduce también en
cierta defectividad semántica. Fijémonos por simplificar en los infinitivos.

Es un hecho conocido que estas formas verbales no pueden encabezar
oraciones independientes:

(129)   *Hundirse el barco el jueves.

---

[26] Para la idea de que esta es una condición necesaria, pero no suficiente, véanse Martin y Schäfer
(2012), Copley y Wholff (2014), Martin (2015).

Añadamos asimismo que pueden subordinarse a formas verbales tanto de la esfera del pasado (R1-H) (130 y 131) como de la esfera del presente (H,R1) (132 y 133), y que también son indiferentes a la indicación de que F se sitúa en la subesfera del futuro (R1-R2) (131 y 133):

(130)   (R2,R1) (R1-H)
         a. {Veíamos ~ Vimos} *hundirse* el barco.
         b. Se arrepentía de *haber echado (ya)* la solicitud.
(131)   (R1-R2) (R1-H)
         a. Veríamos hundirse el barco.
         b. Se arrepentiría de *haber echado (ya)* la solicitud.
(132)   (R2,R1) (H,R1)
         a. Siento verte tan triste.
         b. Me disgusta haber faltado a clase.
(133)   (R1-R2) (H,R1)
         a. Sentiré verte tan triste.
         b. Le disgustará haber faltado a clase.

El modo de dar cuenta de este comportamiento con las herramientas de las que disponemos es asumir que los infinitivos, todas las formas verbales no flexivas, son formas verbales no deícticas que contienen información temporal relativa únicamente a la posición de F con respecto a R2. La primera característica explica que sean formas dependientes. La segunda que los predicados a los que se subordinan puedan contener las indicaciones temporales de (130-133). En (134) vemos algunos ejemplos de la indicación *(R2,F)* en combinación con distintos contenidos aspectuales; en (135), de la indicación *(F-R2)*.

(134)   (R2,F) (R2,R1) (R1-H)
         a. Mientras comíamos, vimos *hundirse* el barco.   [Perfectivo]
         b. Se fue la luz mientras veíamos *hundirse* el barco.   [Imperfectivo]
         c. Se arrepentía de *haber echado ya* la solicitud.   [Perfecto]
(135)   (F-R2) (R2,R1) (R1-H)
         a. Se arrepentía de *haber echado* la solicitud hacía dos meses. [Perfectivo]
         b. Se arrepentía de *haber echado* ya la solicitud hacía dos meses.[Perfecto]

En lenguas sin tiempo no es posible establecer la diferencia entre formas flexivas y no flexivas. Lo vemos en (136):

(136)   **Chino**:
         a. Ta   likai   xuéxiào san   tian   le
            He   leave   school   three day   PAR
            'Dejó el colegio hace tres días.'
         b. Ta   shèifa   likai   xuéxiào
            He   try   leave   school
            'Intentó dejar el colegio.'
            [Lin (2012: 679), ejs. 35 y 36]

Los ejemplos anteriores muestran que en una lengua sin tiempo como el chino la misma forma verbal se utiliza en todos los contextos. *Líkai*, 'dejar', es el verbo principal en (136a), pero aparece subordinado en (136b). La subordinación se marca posicionalmente.

Antes de pasar al siguiente capítulo, querría destacar que la falta de deixis no es exclusiva de las formas verbales no flexivas. Más en concreto, esta misma característica se ha defendido en García Fernández (2008) para el pretérito anterior del español (*hubo cantado*). Este tiempo del español comparte con sus equivalentes del italiano, catalán y francés que se encuentra únicamente en oraciones subordinadas temporales (Bertinetto 1986: 467-482, de Bruyne 1998: 467, Squartini 1998: 197-202, Pérez Saldanya 2002: 2634)[27]:

> (137)   a. **Italiano**:
> La notizia lo raggiunse dopo che fu arrivato. (Bertinetto 1986)
> 'La noticia lo alcanzó después de que hubo llegado.'
> b. **Catalán**:
> Quan/Després/A penes van haver sopat, es van a dormir.
> (Pérez Saldanya 2002)
> 'Cuando/Después de que/Apenas hubieron cenado, se fueron a dormir.'
> c. **Español**:
> Cuando todo hubo terminado, el hombre reflexionó sobre lo ocurrido.
> (De Bruyne 1998)
> d. **Francés**:
> Du moment qu'elle eut entendu cette cantilène sublime, tout ce qui existait au monde disparut pour Mathilde.
> 'Desde el momento en que ella escuchó esta sublime cantilena, todo lo que existía en el mundo desapareció para M.'
> [Laca (2005a: 11-12), cjs. 27a-d]

A juicio de García Fernández (2008: 386), *hubo cantado* podría considerarse como una forma verbal no deíctica Perfectiva que gramaticaliza "el concepto de compleción, es decir, el mismo contenido que aportaría el adverbio *completamente* aplicado a un proceso que se dirige a una meta". Véanse también Bertinetto (1986) y Laca (2005a), quienes caracterizan los pasados anteriores italiano y francés como terminativos. La propuesta de Laca es que el pretérito anterior funcionaría como un modificador de la eventualidad, igual que una perífrasis de fase, que focalizaría "la fase que sigue inmediatamente a la transición final de la eventualidad de base" (p. 12).

---

[27] En francés el pretérito anterior puede utilizarse también en oraciones independientes, siempre en relación con ciertos adverbios de sucesión inmediata: *Il me semblait que je me rapprochais peu à peu de Marguerite. J'eus bientôt fait retomber la conversation sur elle*, 'Lit. Me parecía que me acercaba poco a poco a M. Muy pronto yo hube vuelto la conversación hacia ella' (Laca 2005a: 12, ej. 27e). Véase también para el español, Octavio de Toledo y Huerta y Rodríguez Molina (2008).

DOS EJEMPLOS DE VARIACIÓN INTERLINGÜÍSTICA

Este capítulo está dedicado a los dos fenómenos que han atraído mayoritariamente la atención en los estudios de variación relativos a los tiempos verbales del español: la distribución de las formas de pretérito perfecto simple y compuesto y la expresión de futuro. Me ocupo de ellos en los apartados 4.1 y 4.2. En el apartado 4.3 se recoge muy brevemente una selección de otros datos de variación.

4.1. LOS PRETÉRITOS PERFECTO SIMPLE Y COMPUESTO

4.1.1. *Del latín a nuestros días. Enfoque de macrovariación*

Uno de los fenómenos de variación más estudiados en el ámbito de los tiempos verbales del español es la distribución de las formas verbales *canté* y *he cantado*. La segunda es expresión de un tiempo compuesto. Los tiempos compuestos constituyen una innovación de las lenguas romances. El antecedente latino tiene que buscarse en construcciones resultativas como la de (138), en las que encontramos: a) un verbo pleno con significado de posesión; y b) dos constituyentes, uno nominal y otro adjetival, entre los que se establece una relación de predicación:

> (138)   Habeo   epistulam   scriptam.
>   tengo   carta-AC   escrita-AC
>   'Tengo la carta escrita.'

Hay un primer modo de abordar la distribución del pretérito perfecto compuesto frente al simple que voy a tildar de *indirecto* o de *macrovariación*. Consiste en dar cuenta del proceso de gramaticalización que transformaría al primitivo pretérito perfecto compuesto resultativo del latín vulgar, por competencia con el pretérito perfecto simple, en una forma verbal que incorpora la posibilidad de recibir interpretación Perfectiva. Según este planteamiento, el pretérito perfecto compuesto del español americano y el pretérito perfecto compuesto del español europeo se sitúan en etapas evolutivas distintas. El ejemplo más influyente es Harris (1982). La Tabla XI es una adaptación que recoge las etapas sucesivas del proceso para el pretérito perfecto compuesto y, al mismo tiempo, qué lenguas se corresponden en sincronía con cada una de estas etapas.

ETAPA I	Perfecto resultativo Perfecto experiencial	Calabrés Siciliano
ETAPA II	Perfectivo continuativo	Gallego Portugués **Muchas variedades del español americano**
ETAPA III	Perfectivo no continuativo (esfera del presente)	**Español del centro peninsular** Algunas variedades de la lengua d'oc y de la lengua d'oil
ETAPA IV	Perfectivo no continuativo (esfera del pasado)	Francés estándar Rumano estándar Italiano septentrional

TABLA XI. *El pretérito perfecto compuesto en las lenguas romances*
(adaptado de Harris 1982)

La construcción analítica *habeo factum* se hará hueco en latín vulgar junto a la forma de *perfectum* latina *feci*. La forma sintética era aspectualmente Perfectiva, presentaba la situación verbal como completa, y temporalmente neutra (Rodríguez Molina 2010: 954 y sigs.). De una situación que está completa en un momento anterior al de la enunciación se infiere sin dificultad que es pasada. De ahí se derivaría el valor 'preterite' que Harris (1982: 46) atribuye a *feci*. Pensemos ahora en que el tiempo de referencia coincide con el momento del habla. Según Harris, sería más difícil separar en este caso el significado aspectual (la situación está completa en el momento del habla), del temporal (la situación empezó o se llevó a cabo en un momento anterior, pero continúa o es todavía relevante en el tiempo de la enunciación). De esto se deriva el segundo valor que se atribuye a *feci*, el de 'present perfect'. En el modelo evolutivo de Harris (1982), *feci*, el pretérito perfecto simple de las lenguas románicas, mantendría sus dos valores en las etapas I y II; perdería el valor de 'present perfect' en la etapa III; y, finalmente, quedaría circunscrito a registros formales o desaparecería en la fase IV.

En paralelo, podríamos decir que la evolución de la forma analítica consistió en añadir a una primera etapa en que la información de Aspecto hacía visible el tiempo de un estado que se concibe como consecuencia de la situación verbal, primero en un sentido restringido (*Perfecto resultativo*) y después también en un sentido más amplio (*Perfecto experiencial*), (Etapa I) la posibilidad de que el Aspecto focalizara el tiempo completo de la situación verbal (Etapas II-IV). Squartini y Bertinetto (2000) utilizan la etiqueta *aorist drift* ('deriva de aoristo') para dar nombre a este cambio semántico. Una vez que el foco se traslada al tiempo de la situación verbal, el avance en el proceso de aoristización o perfectivización del pretérito perfecto compuesto pudo consistir en perder el requisito de que el límite derecho del tiempo del foco se extendiera hasta el momento del habla (Etapa II>Etapa III).

Los pretéritos perfectos compuestos de las etapas III y IV son Perfectivos. La diferencia entre ellos es temporal: habría dejado de ser relevante la distinción entre esfera del presente y del pasado que rige en la norma del español estándar europeo (Alarcos 1947 [1980]). De acuerdo con esta norma, utilizaríamos el pretérito perfecto compuesto con predicados que denotan eventos ocurridos, bien el mismo día de la enunciación (uso *hodiernal*, 139a), bien antes del día de la enunciación, en intervalos que incluirían el momento del habla (*presente ampliado* o *extendido*, 139b, c):

(139)   a. Ha escrito la carta {*hoy ~ esta noche ~ a las 17:00*}.
        b. La audiencia ha aumentado mucho {*esta semana ~ esta temporada*}.
        c. Para evitarlo, se han tomado una serie de medidas en *el año en curso*.

Por el contrario, el pretérito perfecto simple situaría el tiempo focalizado por la información de Aspecto en un intervalo que no incluiría el tiempo del habla (140):

(140)   a. Escribió la carta {*ayer ~ anoche ~ hace dos días*}.
        b. La audiencia aumentó mucho {*la semana pasada ~ aquella temporada*}.
        c. *En 1998* se tomaron medidas urgentes para evitarlo.

Considero este acercamiento *indirecto* porque solo puede extraerse alguna conclusión sobre variación relativa al pretérito perfecto compuesto a partir de la fase en que se inscribe una variedad lingüística. Un pretérito perfecto compuesto que se encuentre en la parte inferior de la Tabla III tendrá más posibilidades expresivas que uno que se encuentre en la parte alta: el proceso es acumulativo. Paralelamente, aumentan o disminuyen las posibilidades expresivas del pretérito perfecto simple. Esto afecta a las variedades del español: el pretérito perfecto compuesto del español hablado en algunas zonas de Hispanoamérica se halla más alto en la Tabla III que el pretérito perfecto compuesto del español del centro peninsular. La consecuencia es que en el primer tipo de sistema, el espacio para el pretérito perfecto simple es mayor. Más concretamente, lo que esperamos es que haya variedades hispanoamericanas en que el pretérito perfecto simple sea el tiempo con que se exprese el contenido aspectual Perfectivo no continuativo, sea de la esfera del presente o de la esfera del pasado (véase la variedad A2 en la Tabla XII). En cambio, lo esperable en el español del centro peninsular es que el pretérito perfecto simple sea el tiempo con que se exprese el contenido Perfectivo no continuativo de la esfera del pasado exclusivamente (véase la variedad A1 en la Tabla XII). Los estudios de microvariación confirman esta predicción.

4.1.2. Distribución sincrónica. Enfoque de microvariación

La Tabla XII es una adaptación de las conclusiones de dos estudios recientes sobre la distribución sincrónica del pretérito perfecto compuesto en las distintas variedades del español: Veiga (2014) y Azpiazu (2019). De acuerdo con ellos, junto a la modalidad que sitúa Harris (1982) en la Etapa II (*variedad A2*) y la que sitúa en la Etapa III (*variedad A1*), deben tenerse en cuenta otras dos modalidades, que se caracterizarían por priorizar, bien al pretérito perfecto simple (*variedad B1*), bien al pretérito perfecto compuesto (*variedad B2*). Ninguno de estos sistemas se daría en estado puro. No habría tampoco comportamientos específicos del español americano ni del español europeo, pues se encontrarían variedades de uno y otro repartidas por toda la Tabla.

	SUBSISTEMA A		SUBSISTEMA B	
	VARIEDAD A1	VARIEDAD A2	VARIEDAD B1	VARIEDAD B2
PERFECTO RESULTATIVO / PERFECTO EXPERIENCIAL	PPC	PPC	PPS	PPC
PERFECTIVO +CONTINUATIVO	PPC	PPC	PPS	PPC
PFV-CONTINUATIVO (ESFERA DEL PRESENTE)	PPC	PPS	PPS	PPC
PFV-CONTINUATIVO (ESFERA DEL PASADO)	PPS	PPS	PPS	PPC

TABLA XII. *Oposición pretérito perfecto compuesto -pretérito perfecto simple* (adaptado de Veiga 2014 y Azpiazu 2019)

Según vimos en el capítulo 2, el Continuativo es un significado aspectual diferenciado. Me referiré aquí con la etiqueta *Perfectivo continuativo* a la posibilidad de que los pretéritos perfecto compuesto y simple, según la variedad lingüística de que se trate, reciban una interpretación similar a la que se consigue con las perífrasis <*llevar a* + infinitivo> o <*venir* + gerundio>. Los pretéritos perfecto compuesto y simple con la interpretación Perfectiva estándar se identifican con la etiqueta *Perfectivo no continuativo*.

Me detendré a continuación en algunos datos de variación que nos permiten entender las agrupaciones.

A. EL SUBSISTEMA A

La principal diferencia entre las variedades A1 y A2 se encuentra en las dos últimas filas de la Tabla XII. El pretérito perfecto compuesto de la variedad A2 no puede interpretarse como Perfectivo. Eso significa que el pretérito perfecto simple es el tiempo utilizado para presentar el tiempo completo del evento tanto en la esfera del pasado como en la del presente[28]:

(141)   a. Hoy *compré* un libro precioso.
           b. ¿Ahora no *chambeaste*?
           c. Hace rato *vi* a tu hermano.
           [Lope Blanch (1961: 377-379)]

Según RAE y ASALE (2009: § 23.7.c), esta es la situación en muchos de los países centroamericanos (Hernández 2004, 2008, Quesada Pacheco 2013) y varios del área caribeña, entre los que está Venezuela (Bentivoglio y Sedano 1992: 51). El mismo comportamiento se describe en Berschin (1975) para Colombia; en Lope Blanch (1961) para México; en Azpiazu (2019: 166) para el centro de Argentina, y en Henderson (2010) para Chile.

El español de Canarias debe considerarse modalidad de transición (Cartagena 1999: 2951). La razón es que la frecuencia de uso del pretérito perfecto simple en contextos como los de (141) es menor que en las variedades americanas recién mencionadas. No está totalmente ausente de ellos el pretérito perfecto compuesto, lo que aproxima el uso del español de Canarias al de la variedad A1, que representaría la norma del español estándar europeo.

---

[28] Lope Blanch (1961: 383, nota 23) advierte: "en forma afectiva puede decirse «¡Esta mañana *ha caído* un aguacerazo …tremendo!»". Asimismo, en RAE y ASALE (2009: § 23.8m) se apunta: "no disuena en estos países [Puerto Rico, Nicaragua, Costa Rica y otros países centroamericanos o antillanos] la exclamación *¡Me he asustado!* para hacer referencia a un hecho inmediato, en alternancia con la forma mayoritaria en América *¡Me asusté!* ".

En el español estándar europeo la opción más natural en (141) es el pretérito perfecto compuesto. En esta variedad, "con *esta mañana, antes*, se puede emplear el perfecto simple cuando las dos expresiones temporales citadas se sienten como oposición a *esta tarde, ahora*: *Antes no hice reparo, pero ahora*, *Me dijeron esta mañana que te habías ido*, etc." (Alarcos (1947[1980]: 24)[29]. Esta es la primera diferencia entre las variedades A1 y A2. Hay dos más.

La segunda diferencia concierne a cómo se obtiene la interpretación de Perfectivo continuativo. Solo en la variedad A1 es requisito imprescindible la presencia de expresiones temporales como *siempre* o *desde que caí enfermo*. Esto es lo esperable, puesto que solo en esta variedad el pretérito perfecto compuesto Perfectivo admite tanto la lectura continuativa como la no continuativa. En la variedad A2 su presencia no es obligatoria (Lope Blanch 1961: 377):

> "¡Qué mal me *pagaste* los favores que mi padre te *hizo*!" [todo pertenece al pasado; son acciones totalmente consumadas], pero "¡Qué mal me *has pagado* los favores que mi padre te *ha hecho*!" [podría decirse "estás pagando" y "haces"]. "¿*Pensaste* bien en lo que te dije?" [se supone que ya llegó una decisión; se pide una respuesta]; en cambio, "¿*Has pensado* bien en lo que te dije?" [aún se concede tiempo para que siga pensando; sería como decir "estás pensando"].

Según RAE y ASALE (2009: § 23.7o), el pretérito perfecto compuesto continuativo de la variedad A2 se caracterizaría por que la prosecución del evento más allá del momento de la enunciación no quedaría indeterminada. En otras palabras, de las dos inferencias posibles asociadas a una oración como *Así ha sido hasta ahora* [...]: 'Sigue siendo así' y 'Ya ha dejado de ser así', las variedades del español incluidas en A2 optarían por la primera.

La tercera y última diferencia entre A1 y las variedades americanas de A2 atañe al uso del pretérito perfecto compuesto Perfecto. Señala Lope Blanch (1961: 379): "Con locuciones temporales como *todavía no, aún no* y otras semejantes se usa el pretérito compuesto [...] pues la acción que se niega para el pasado, puede realizarse en el futuro inmediato: 'Todavía no *ha llegado*' frente 'Sí, ya *llegó*'". Siguiendo con el ejemplo, por tanto, si se afirma el estado resultante, el tiempo empleado es el pretérito perfecto simple. Si no se afirma, el pretérito perfecto compuesto. En la variedad A1, se usa el pretérito perfecto compuesto en ambos casos: *Todavía no ha llegado, Ya ha llegado*.

---

[29] Madrid y Castilla-León registrarían este tipo de vacilación entre el uso del pretérito perfecto compuesto y del pretérito perfecto simple con expresiones temporales hodiernales (véase Azpiazu 2019: 142-143 y las referencias allí citadas).

Los ejemplos con *todavía* ~ *aún no* son las versiones negativas de los ejemplos con *ya* (Bosque 1980). Por esta razón, los tomo como ilustración del contenido aspectual de Perfecto (véase también González, Jara Yupanki y Kleinherenbrink 2018). En otros trabajos, se considera que los ejemplos con *todavía* ~ *aún no* ilustran la variedad Continuativa del aspecto Perfectivo y que es el tiempo de un no-evento (o la ausencia de un estado de cosas) el que se extendería hasta el momento del habla (García Fernández 2000a: 348; Squartini y Bertinetto 2000: 412; RAE y ASALE 2009: § 23.7k y Azpiazu 2019: 101).

B. EL SUBSISTEMA B

En la variedad B1 el uso del pretérito perfecto compuesto es inferior incluso al de la variedad A2[30]. El pretérito perfecto simple asumiría los valores de Perfecto y de Perfectivo continuativo de la parte alta de la Tabla. Encontramos ejemplos como los siguientes en el noroeste peninsular (Galicia, Asturias, Cantabria y León) y en la zona del Río de la Plata (algunas regiones de Argentina: región litoral-pampeana, provincia de Buenos Aires; Uruguay y Paraguay):

(142)   a. Y bueno ya tuvo el bebe.
        b. Probaste chipá? No probaste chipá?
        [Fløchigstad (2016: 103 y 2), ejs. 38 y 1]
(143)   Siempre viví en Buenos Aires, desde que nací.
        [Rodríguez Louro (2010: 13), ej. 13]

Por el contrario, en la variedad B2 el uso del pretérito perfecto compuesto es aún mayor que en la variedad A1, pues admitiría la interpretación de Perfectivo no continuativo de la esfera del pasado de la parte baja de la Tabla[31]:

(144)   Hace dos días ha estado comiendo por ahí con unos extranjeros que habían venido para asuntos de allí y … y no le vi en todo el día, vamos.
        [Soto (2014: 140), ej. (43)]

---

[30] El habla de Madrid y Sevilla (DeMello 1994) podría considerarse modalidad de transición entre A1 y B2, igual que Canarias lo es con respecto a A1 y A2.

[31] No es extraño encontrar el pretérito perfecto compuesto en contextos como el de (144) en variedades distintas de B2. Es más probable si las expresiones temporales que sitúan el evento en la esfera del pasado aparecen pospuestas: *La he visto hace dos días* (Piñero Piñero 2000: 74, Brugger 2001: 248, Kempas 2008: 181, Azpiazu 2019: 149).

Encontramos ejemplos como los de (144) en el centro peninsular[32], en algunas regiones de Argentina (desde Tucumán hasta la frontera con Bolivia y en el noroeste de la provincia de Córdoba)[33], en Perú, Bolivia y Ecuador[34]. En toda el área andina se destaca que son las hablas populares las que registran mayor frecuencia del pretérito perfecto compuesto en ejemplos como el de (144); en el habla culta es mayor el empleo del pretérito perfecto simple (Azpiazu 2019: 185, 189, 192).

En estas mismas zonas la expansión de pretérito perfecto compuesto se ha atribuido a influencia de las lenguas amerindias: quechua en Perú; quechua y aimara en Bolivia; y quichua en Ecuador. Pero la situación de contacto deja su huella además en dos clases de usos innovadores.

En primer lugar, hay que mencionar los usos innovadores que se han clasificado como *evidenciales*. Los ejemplos siguientes reflejarían la oposición entre los dos pretéritos en Ecuador:

(145)   a. El niño se cayó 'lo he visto con mis propios ojos, la información es confiable'.
         b. El niño se ha caído 'lo infiero, me lo han dicho, pero no lo he visto directamente, la información no es tan confiable'.
         [Pfänder y Palacios (2013: 67), ejs. 1a, b]

El pretérito perfecto simple se relaciona con la experiencia directa, con la certidumbre sobre lo que se cuenta (145a); el pretérito perfecto compuesto, con situaciones que nos cuentan otras personas, con un menor grado de compromiso con la veracidad de lo que se transmite (145b).

La segunda clase de uso innovador convierte al pretérito perfecto compuesto en vehículo para la expresión de la comprensión, revelación o descubrimiento súbitos, de la sorpresa, esto es, lo vincula con la categoría gramatical de la *Miratividad*. El siguiente ejemplo procede también del español hablado en Ecuador. De él nos dice Bustamante (1991: 204): "puede que el hablante quiera hacer notar que hasta el momento en que se formula el enunciado él no sabía que era feriado y desee indicar que acaba de darse cuenta" (véanse Hurtado González 2009: 184-185, nota 3, Olbertz 2009: 70, RAE y ASALE 2009: § 23.8ñ):

---

[32] A juicio de Kempas (2008: 181), es en la costa cantábrica donde es más frecuente encontrar el pretérito perfecto compuesto combinado con expresiones temporales prehodiernales. Se trataría a su juicio de un fenómeno autónomo, de una tendencia "pancantábrica". En zonas como Asturias, encuadradas en la variedad B1, habría que tener en cuenta además el factor de la ultracorrección.

[33] Datos de Donni de Mirande (2003: 413). Según esta misma autora, en la región central (centro y sur de Córdoba y la provincia de San Luis) alternan pretérito perfecto compuesto y pretérito perfecto simple.

[34] A esta distribución añade RAE y ASALE (2009: § 23.7b) la región andina colombiana y, con mayores restricciones, también Cuba y otras zonas del área antillana.

(146)   Y hoy día parece que *ha sido* domingo.

Tras el examen de uno de los asuntos de variación más estudiados, nos detenemos en una cuestión compleja: la sustitución en el español hablado en Hispanoamérica de la forma de futuro sintética por la perífrasis <*ir a* + infinitivo>.

4.2. EL FUTURO SIMPLE Y LA PERÍFRASIS <*IR A* + INFINITIVO>

Es conocido que muchas formas de futuro tienen su origen en expresiones de intención o de obligación (Bybee, Perkins y Pagliuca 1994: 254-266). El futuro sintético de las lenguas romances no es una excepción: proviene de la gramaticalización de la construcción del latín tardío <infinitivo + *habeo*>, que se registra ya en el siglo I a. C. (Company 2006)[35]:

ETAPA	FORMA					NIVEL DE GRAMÁTICA	SIGNIFICADO
I. LATÍN CLÁSICO	*cantare* [INF.]	*habeo* [verbo principal]	/	*habeo* [verbo principal]	*cantare* [INF.]	sintaxis	'Tengo [algo] para cantar'
II. LATÍN TARDÍO	*cantare* [verbo principal]	*habeo* [auxiliar]	/	*habeo* [auxiliar]	*cantare* [verbo principal]	sintaxis	'Tengo que cantar'
III. ROMANCE	*cant* - [raíz]	*a-*	*r-* [tiempo-modo]	*é* [persona-número]		morfología	'Cantaré'

TABLA XIII. *Origen del futuro sintético romance*
(adaptado de Fleischman 1982)

La nueva forma romance reemplaza al futuro latino *amabo*, 'amaré'. De acuerdo con Escandell Vidal (2018: 27), el futuro sintético latino corresponde a una visión factual y fatalista del futuro, según la cual los acontecimientos del porvenir están prefijados de antemano. Los usos *cultivados* del futuro ilustrados en (147a), mandato eterno, (147b), necesidad lógica, y (147c), regulación legal, procederían directamente de esta concepción:

---

[35] Véase este mismo trabajo para una posible explicación para el triunfo de la construcción analítica sobre otras opciones.

(147)   a. No *matarás*.
          b. Si dos ángulos equivalen a uno recto, el otro *será…*
          c. La inspección *será* competencia del Ministerio.
          [Escandell-Vidal (2018: 22), ejs. 4a-c]

Fue la sustitución de la forma sintética por la inicialmente perifrástica *amare habeo* lo que habría supuesto la introducción de una concepción del futuro como algo abierto. Pero esta misma concepción está también en el origen de la conexión del futuro con el ámbito de la Modalidad, con la idea de que más allá del momento del habla solo podemos situar estados de cosas que imaginamos, que consideramos posibles, sobre los que hacemos conjeturas (Fleischman 1982, Escandell-Vidal 2010, Rivero 2014, Laca 2016). Esta conexión podría a su vez explicar el empleo de la forma analítica modal <*ir a* + infinitivo> como alternante con las formas verbales sintéticas de futuro. Por simplicidad, en las páginas que siguen me referiré únicamente al futuro simple.

Fijémonos en (148):

(148)   *Son* las 17:00. No espero más.

Esta oración constituye una aserción: el hablante se compromete con la verdad de una proposición, con la existencia en el momento de la enunciación del estado de cosas que describe. En cambio, (149a) y (149b) no son aserciones: no hay compromiso con la existencia del estado de cosas porque la proposición aparece modalizada, o lo que es lo mismo, precedida por unos verbos auxiliares que califican como posible (*poder*) o necesario (*deber de*) el estado de cosas consistente en ser las 17:00.

(149)   a. *Pueden* ser las 17:00. No espero más.
             POSIBLE <ser las 17:00>
          b. *Deben de* ser las 17:00. No espero más.
             NECESARIO <ser las 17:00>

Lo curioso es que si sustituimos ahora los verbos modales en presente de (149) por la forma verbal *será*, como en (150), comprobamos que la indicación de tiempo no cambia: ser las 17:00 no se entiende como posterior al momento del habla, sino como simultáneo. Esto es posible porque este futuro, denominado *de conjetura*, es modal[36]. Califica la proposición como necesaria, del mismo modo en que lo hace el auxiliar *deber de:*

(150)   *Serán* las 17:00. No espero más.

---

[36] Véase, no obstante, el apartado 5.2.3, *infra*, para propuestas que consideran al futuro como evidencial.

Pero junto a (150) tenemos ejemplos como (151), que vuelven a ser aserciones: el hablante se compromete con la verdad de una proposición que lo describe como responsable de una situación que se producirá con posterioridad al tiempo de la enunciación:

(151)   El teatro *cerrará* definitivamente sus puertas mañana.

Lo que diferencia (150) de (151) es la ausencia de incertidumbre. A pesar de que es una cuestión muy debatida en la bibliografía, en Bravo (2018) se adopta este criterio para considerar que las formas verbales de futuro forman parte también del paradigma de tiempos verbales.

Son ejemplos como el de (151) los que aquí interesan y, en particular, la posibilidad de que expresiones temporales explícitas como *mañana* faciliten la aparición en estos contextos de la construcción <*ir a* + infinitivo> como expresión analítica de tiempo futuro[37]:

(152)   El teatro *va a cerrar* definitivamente sus puertas mañana.

En ausencia de estas expresiones, la perífrasis no expresa primariamente posterioridad, sino los contenidos, bien de planificación o intencionalidad (153a), bien de inminencia o proximidad temporal (153b). Esto determina que no se afirme la ocurrencia del evento. Repárese en que si el teatro no cerrara finalmente sus puertas o el tren no saliera, (152) y (153c) pasarían a ser falsas. En cambio, (153a) y (153b) seguirían siendo verdaderas:

(153)   a. El teatro *va a cerrar* definitivamente sus puertas.
         b. Son las 17:00. El tren *va a salir.*
         c. El tren *saldrá* las 17:00.

La interpretación que ha dado la bibliografía para estos hechos pasa por incluir la perífrasis <*ir a* + infinitivo> entre las construcciones modales (Bravo 2008, 2011). Así, mientras que en (149) el hablante emite un juicio sobre la posibilidad o necesidad que se fundamentaría en su conocimiento del mundo, en (153a, b) podría afirmarse que la calificación como planificado o inminente se emitiría a partir de la información que se extrae de ciertos indicios contextuales. Según la clasificación de Palmer (1986), en ambos casos estaríamos ante perífrasis modales epistémicas.

---

[37] El verbo auxiliar *ir* con la preposición *a* y el infinitivo da lugar también a dos tipos de construcciones que deben mantenerse diferenciadas de la que nos ocupa en este capítulo: la perífrasis *demarcativa* o *focalizadora* de ejemplos como *Fue a llover justo el día de mi boda*, y la perífrasis *conativa* de ejemplos como *Fue a levantarse, cuando sintió un dolor en el costado*. Remito al lector a Bravo (2008), de donde tomo los ejemplos.

La bibliografía señala que en las variedades del español de América la perífrasis <*ir a* + infinitivo> está ocupando el lugar del futuro sintético (RAE y ASALE 2009: § 23.14c, k, r). La sustitución se advierte fundamentalmente en la lengua oral. Sirvan como prueba las proporciones que se registran en la Figura IV.

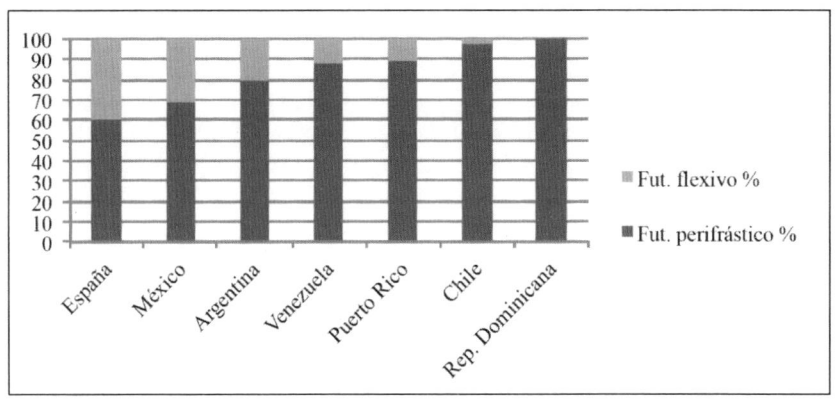

FIGURA IV. *Cantaré frente a* <*voy a cantar*>
(Escandell Vidal 2010: 12, a partir de Sedano 2006)

La extensión de la perífrasis se entiende fundamentalmente de dos maneras (Bravo, en prensa). Según uno de estos puntos de vista, habría un cambio en curso con dos manifestaciones paralelas: por un lado, la forma analítica estaría ganando terreno como expresión de tiempo futuro; por otro, la forma sintética se estaría especializando en sus usos modales (Laca 2016: 10):

> Este cambio lingüístico consiste, por un lado, en un claro aumento de frecuencia del Futuro Perifrástico, que gana terreno al Futuro Sintético para la referencia a situaciones venideras. Por otro lado, hay un claro aumento concomitante de la frecuencia relativa de las utilizaciones del Futuro Sintético como futuro de conjetura. Para el español americano, los datos y testimonios de los que disponemos sugieren que la distancia entre las variedades escritas y las variedades coloquiales es mayor que en español peninsular y que el cambio está más avanzado en las variedades coloquiales.

A este cambio apuntan los datos de Aaron (2010: 17) recogidos en la Figura V:

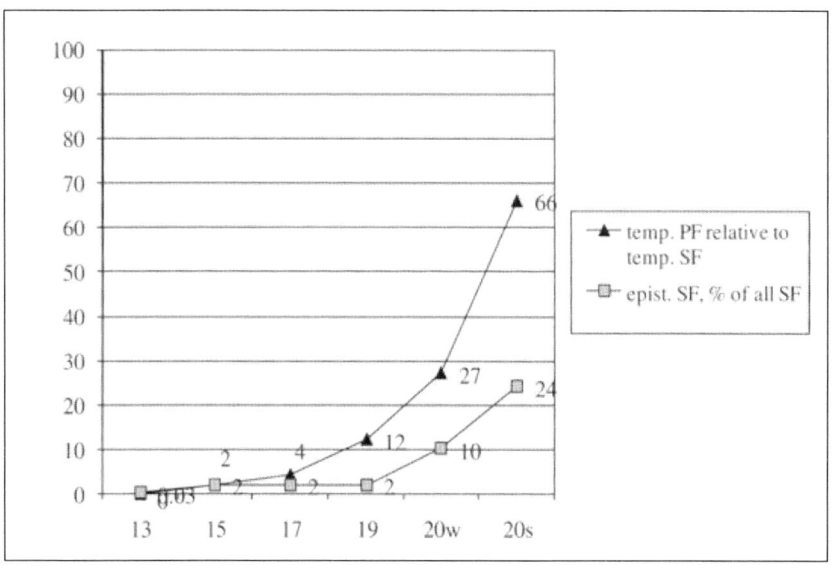

FIGURA V. *Frecuencia relativa del futuro sintético epistémico frente al futuro analítico temporal*

Se registran ejemplos de futuro de conjetura desde el siglo XIII, pero hasta el siglo XIX su número no representa más que un 2 %. Es en este siglo cuando las ocurrencias de la perífrasis constituyen un 12 % y llegan hasta el 27 % en el siguiente. Paralelamente, los futuros de conjetura ascienden hasta un 10 % en la lengua escrita y hasta un 24 % en la lengua oral.

La razón última de este desplazamiento desde el ámbito de la temporalidad al de la modalidad, en el caso del futuro flexivo, y desde la modalidad a la temporalidad, en el caso del futuro perifrástico, dista mucho de estar resuelta. ¿Son las nociones modales de obligación (*amare habeo*) o de intencionalidad o inminencia (*voy a amar*) mejores candidatas para la expresión de posterioridad no ligada a incertidumbre? En el abandono de la forma latina *amabo* se ha señalado una nueva forma de concebir lo que está por venir. ¿La preferencia por la forma analítica en el español de América esconde una visión distinta del futuro?

El segundo punto de vista no resulta más clarificador. Sirva como ejemplo el siguiente fragmento de Blas Arroyo (2008: 88):

> Muchos han considerado el futuro flexivo como la forma más neutra o no marcada, puesto que sirve para expresar eventos futuros que no aparecen como una prolongación del acto de hablar. Además, el futuro flexivo es adecuado para hablar de eventos que el hablante no está seguro de si tendrán lugar. Por el contrario, el futuro perifrástico parece estar asociado a los valores de inmediatez, proximidad al momento del habla, intencionalidad o a la convicción del hablante de que los eventos situados en el futuro se llevarán a cabo.

Este acercamiento supone que ambos futuros serían formas alternantes para expresar posterioridad. La elección entre uno u otro vendría determinada por factores contextuales, como la distancia temporal, la intencionalidad, la certeza del hablante, cuyo número y definición varían de un autor a otro. Pero más problemático aún es que estos factores no se enmarcan en ningún modelo teórico y, por tanto, no es posible predecir sus efectos. Pongamos un ejemplo. En relación con la distancia temporal, Blas Arroyo (2008) maneja las nociones de 'cercanía' (mismo día), 'distancia intermedia', 'atenuada', 'indefinida' y 'máxima'. Para Osborne (2008), en cambio, las nociones son 'distancia inmediata', 'el mismo día', 'la misma semana', 'más lejos que la misma semana' y 'distancia incierta/ indefinida'. En ausencia de un marco teórico, es la interpretación que cada autor haga de los datos la que sostiene las distinciones. Las preguntas que habría que hacerse son: ¿por qué existirían estas diferencias en la subesfera del futuro y no en otras divisiones de la línea temporal?; ¿qué consecuencias tienen para los significados temporales de las lenguas del mundo?, ¿todas las lenguas las hacen?, ¿las han hecho en todos los momentos de su historia?, ¿con qué estructuras temporales se corresponden?

4.3. En la variación está el gusto

Los datos de variación lingüística relativos al uso de los tiempos verbales del español son muy numerosos. Sirvan de ejemplo los que enumero a continuación. Con ellos cierro este último apartado del capítulo 4:

- el futuro compuesto es sustituido por el pretérito perfecto simple o por la perífrasis <*tener* + participio> tanto en el norte peninsular como en el español de América: *Cuando vengas ya lo {terminé ~ tengo terminado}* (Moreno de Alba 1988: 184, nota 14);

- en las variedades americanas, el presente sustituye al pretérito perfecto compuesto y el pretérito imperfecto al pretérito pluscuamperfecto en estructuras con *todavía ~ aún no* (*Todavía no me devuelven el dinero*) (Lope Blanch 1961: 381, Moreno de Alba1988: 188);
- el pretérito imperfecto en *-ra* conserva en el español hablado en Galicia su valor etimológico como pluscuamperfecto (*Yo aún no naciera*) y puede reemplazar al condicional compuesto (*Cuando llegaran yo ya me fuera*) (Rojo y Veiga 1999: 2923);
- en el español popular de El Salvador y otros países centroamericanos, es posible encontrar hoy formas de futuro en las prótasis condicionales: *Si vendrás, llámame* (RAE y ASALE 2009: § 23.14o);
- en algunas variantes del español centroamericano y en el español hablado en Cataluña y Aragón, por influencia del catalán, el futuro puede aparecer en oraciones temporales introducidas por *cuando*: *Cuando vendrás, llámame* (RAE y ASALE 2009: § 23.14w);
- en la Sierra ecuatoriana y en los Andes colombianos, se utiliza el futuro por el imperativo, tal vez por calco del quechua: *Harásmelo saber* (RAE y ASALE 2009: § 23.14z);
- en la lengua conversacional de algunas variantes del español del norte peninsular y en el español popular de Argentina, Uruguay, Paraguay, países andinos y Chile, el condicional es habitual en las prótasis condicionales: *Si tendría dinero, te prestaría* (RAE y ASALE 2009: § 23.115d);
- y en algunas de las áreas anteriores se documenta el condicional por el pretérito imperfecto *cantara* tanto en las construcciones finales (*Lo utilicé como reclamo para que sería más fácil de recordar*) como en contextos de subjuntivo inducido: con verbos de influencia (*Le pidió que iría a verla*), de voluntad (*Deseábamos que nos atenderían pronto*), con sujetos oracionales de predicados factivos (*Me encantaría que vendrían al cumpleaños*) o con relativas inespecíficas (*Nadie que yo conocería*) (RAE y ASALE 2009: § 23.115e).

5

CONSIDERACIONES SOBRE LA SINTAXIS
DEL TIEMPO Y DEL ASPECTO

Hemos llegado hasta aquí con un inventario de contenidos tempo-aspectuales y con herramientas para movernos por todos los desvíos que nos han salido al paso. Mi propósito ahora es destacar de qué manera la posición de las categorías de Tiempo y Aspecto en la estructura sintáctica nos ayuda a contar cómo se relacionan con otras categorías gramaticales. El capítulo se estructura en dos partes. En 5.1, veremos por qué es útil hacer sintaxis del Tiempo y del Aspecto, y presentaré algunas asunciones básicas. En 5.2, me detendré en algunos ejemplos de cómo interactúan el Tiempo y el Aspecto con la Modalidad, el Modo de Acción y la Evidencialidad.

5.1. Tiempo y Aspecto en la representación sintáctica

Para explicar determinados fenómenos es imprescindible recurrir a la estructura sintáctica. Voy a ilustrar esta afirmación con uno de ellos: la correlación de tiempos. Considérense los ejemplos de (154):

(154)   a. Os *echa* terriblemente de menos.
        b. Cuando lleve varias semanas fuera, dirá que [os *echa* terriblemente de menos].

Como sabemos, el presente es un tiempo verbal que se utiliza para expresar simultaneidad del tiempo de la situación oracional que hace visible la información de Aspecto con respecto al eje de la deixis temporal. Por defecto, este eje se identifica con el momento del habla. Sin embargo, el contraste entre las oraciones de (154a) y (154b) muestra que un presente puede recibir una interpretación diferente cuando se encuentra en una oración independiente y cuando se encuentra en una oración subordinada. Más en concreto, el presente de la oración sustantiva de (154b) no indica simultaneidad con respecto al momento del habla, sino con respecto al tiempo del evento de la oración principal.

Si comparamos ahora (154b) con (155), advertimos que el grado de dependencia en la interpretación de unas formas verbales con respecto a otras varía según el tipo de subordinada: el presente de la oración de relativo de (155) no se interpreta con respecto al tiempo del evento de la oración principal, sino nuevamente con respecto al momento del habla, como el presente de (154a).

(155)   El alumno [que *echa* terriblemente de menos a su familia] volverá a casa en dos semanas.

Finalmente, el contraste entre (154a) y (156a, b) apunta a que no todos los tiempos que encontramos en una oración independiente pueden aparecer en una oración subordinada sustantiva:

(156)   a. Hace dos meses sintió que os {*echa ~ echaba} de menos.
         b. Hace dos meses confesó que os {echa ~ echaba} de menos.

Por ejemplo, el presente es la opción marcada para expresar simultaneidad en la oración sustantiva cuando el predicado de la oración principal está en pasado. El presente recibe en este contexto interpretación de *doble acceso* (Enç 1987): expresa simultaneidad tanto con respecto al tiempo del evento de la oración principal como con respecto al momento del habla. En nuestro ejemplo, esto significa que la situación consistente en echar de menos lleva produciéndose dos meses. La indicación mediante el presente de la persistencia en el momento del habla de la situación denotada en la oración subordinada es fruto de una presuposición del hablante. Así las cosas, las interpretaciones de doble acceso estarán restringidas léxicamente. En otras palabras, no serán posibles con predicados que bloqueen este tipo de presuposiciones. *Sintió* es uno de ellos (156a), pero no lo es *confesó* (156b).

Los datos anteriores son manifestación del fenómeno de la *correlación de tiempos*. Este fenómeno vincula la relación de dependencia entre las interpretaciones de dos o más formas verbales a la relación de subordinación sintáctica que existe entre las oraciones en que aparecen.

Las relaciones de dependencia temporal son, pues, asimétricas: son consecuencia de relaciones sintácticas de dominio. La pregunta que debemos hacernos ahora es cómo representar esas relaciones de dominio. Son muchos los trabajos que en la década de los noventa persiguen responder a esa pregunta (Carrasco Gutiérrez 2004 y Stowell 2012). No me interesa entrar en los detalles de estas propuestas, sino ir destacando algunas asunciones teóricas en las que se sustentan.

Dentro de la tradición de la Gramática Generativa, una de estas asunciones es que la categoría funcional Flexión (véase 157a) es en realidad la suma de varias categorías funcionales independientes (157b). Esto se conoce como *Hipótesis de la flexión escindida* (*Split Inflection Hypothesis*) y se debe al lingüista francés Jean-Yves Pollock (1989):

(157) a. [SDet [Flex [SV]]]
       b. [SDet [SConc [ST [SAsp [V]]]]]

Las categorías funcionales con expresión morfológica diferenciada en algunas lenguas serían núcleos de sus propias proyecciones máximas, de acuerdo con la *Hipótesis de la proyección funcional plena* de Spencer (1992) (*Full Functional Projection Hypothesis*). Es el caso de Det[erminante], Conc[ordancia], T[iempo] y Asp[ecto] en (157b). Finalmente, la jerarquía estructural entre ellas, esto es, que decidamos colocar una categoría funcional por encima o por debajo de otra es consecuencia de aplicar el *Principio del espejo* de Baker (1985) (*Mirror Principle*). La jerarquía entre nudos funcionales remitiría de forma especular a la posición en la palabra de unos morfos con respecto a otros. Los de concordancia son más externos. Por lo tanto, estarían más alejados del verbo o, lo que es lo mismo, más altos en la estructura.

Otra de las asunciones que me interesa destacar procede de la bibliografía específica sobre Tiempo y Aspecto y me va a permitir conectar este capítulo con los anteriores. La asunción es que los núcleos funcionales como T pueden considerarse como predicados, pues contienen indicaciones sobre cómo ordenar determinados primitivos teóricos. Estos primitivos tendrían carácter de argumentos. En algunas propuestas esto significa que portarían índices referenciales (Partee 1973; Enç 1987)[38]. Esta misma idea se extendería al núcleo Asp. La estructura arbórea de (158) refleja muy esquemáticamente todas estas ideas:

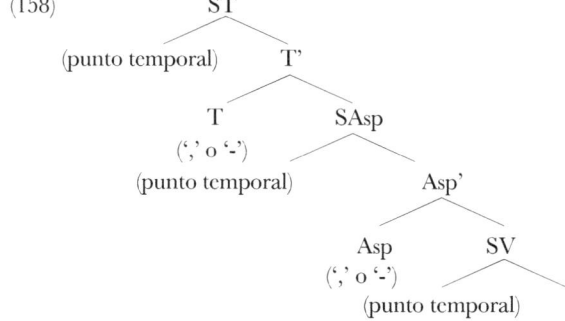

(158)

ST
(punto temporal) — T"
T (',' o '-') — SAsp
(punto temporal)
Asp' — SV
Asp (',' o '-')
(punto temporal)

---

[38] En los trabajos de Guéron y Hoekstra (1988), Guéron (2004) y Guéron (2015) es a los propios núcleos funcionales a los que se les atribuye carácter pronominal y la capacidad de portar índices referenciales.

Los primitivos teóricos implicados en los contenidos tempo-aspectuales (H, R1, R2, F) se situarían en posiciones de Especificador (rama
hermana de X'); el guion y la coma en la posición de núcleo representan
las relaciones de sucesión o coincidencia entre ellos.

Como puede imaginarse el lector, este planteamiento abre la puerta
a propuestas que nos muestran cómo se construyen sintácticamente los
distintos contenidos de Tiempo y Aspecto. Pero las posibilidades no acaban ahí. Representar los contenidos funcionales de Tiempo y Aspecto en
un árbol sintáctico permite explicar las relaciones de dependencia de las
que hablábamos más arriba; mostrar cómo interaccionan Tiempo y Aspecto con expresiones adverbiales tempo-aspectuales (véase Demirdache
y Uribe-Etxebarria 2002, 2004, 2007); o entender cómo se relacionan con
otros contenidos funcionales. Yo me detendré en el apartado siguiente en
esta segunda cuestión.

Señalo para cerrar este apartado que a una plantilla como la anterior,
que plasma la estrecha relación de las dos categorías que nos ocupan,
Tiempo y Aspecto, puede encontrársele una utilidad añadida: nos ayuda
a detectar análisis mal planteados. A mi modo de ver, pertenecerían a este
grupo estructuras sintácticas vacuas o, lo que es lo mismo, estructuras que
no nos sirven para reflejar el comportamiento de las categorías funcionales. Voy a ilustrar esta afirmación con un ejemplo concreto, que tomo del
trabajo de Felser (1999) sobre la sintaxis de la percepción visual directa o
no epistémica en inglés.

Las estructuras subordinadas a verbos de percepción visual pueden
utilizarse tanto para contar lo que se ve como para contar lo que se sabe.
En el primer caso, la percepción es *no epistémica* o *directa;* en el segundo,
epistémica o *indirecta.* En inglés, las construcciones vinculadas a la expresión
de la percepción no epistémica están encabezadas por infinitivos desnudos
(159a) o por gerundios (159b):

> (159)   PERCEPCIÓN NO EPISTÉMICA
>   a. We saw *Mary leave.*
>   'Vimos salir a M.'
>   b. We saw *Mary leaving.*
>   'Vimos saliendo a M.'
>   [Felser (1999: 2), ejs. (1c, d)]

Las construcciones vinculadas a la expresión de la percepción epistémica son oraciones flexivas (160a) y oraciones encabezadas por infinitivos
con *to* (160b):

(160)   PERCEPCIÓN EPISTÉMICA
        a. We saw *that John was drawing a circle.*
           'Vimos que J. estaba dibujando un círculo.'
        b. We saw *John to be a good student.*
           'Vimos que J. era un buen estudiante.'
        [Felser (1999: 2), ejs. (1a, b)]

En los ejemplos de (159) la oración subordinada sustantiva reproduce lo que la entidad denotada por el sujeto presenció. En los de (160), en cambio, la oración subordinada reproduce un contenido de conciencia. La entidad denotada por el sujeto adquiere el conocimiento por medio de la vista, bien de manera directa, como testigo, bien de manera indirecta, a través de indicios. En el segundo caso, la oración sustantiva reproduce una inferencia. (160a) nos sirve para distinguir ambas posibilidades. Adviértase que (160a) es apropiada tanto si se da la circunstancia de que la entidad denotada por el sujeto ha presenciado cómo J. dibujaba el círculo como si se ha encontrado en el escritorio de J. un círculo a medio dibujar.

Una diferencia importante entre los contextos de (159) y (160) es que en los primeros, los no epistémicos, están excluidos los predicados estativos permanentes o de nivel de individuo; en los segundos, los epistémicos, no lo están. Esta es la razón del contraste que observamos en (161) y (162) con el predicado estativo permanente *be tall*, 'ser alto':

(161)   PERCEPCIÓN NO EPISTÉMICA
        *We saw him being tall.
        'Lo vimos siendo alto.'
        [Felser (1999: 74), ej. 218a]
(162)   Percepción epistémica
        We saw John to be very tall.
        'Vimos que J. era muy alto.'
        [Felser (1999: 95), ej. 12b]

La propuesta de Felser (1999: 137-138) es que las oraciones no flexivas se consideren proyección del núcleo funcional Tiempo siempre que el predicado sea de nivel individuo (163a) y del núcleo funcional Aspecto cuando no lo sea (163b). Esto es, sería posible encontrar estructuras en que se proyecta T, pero no Asp y al contrario:

(163)   a. $[_{TP} DP_{su} [_{T'} [_T] [_{VP} be intelligent]]]$.
        b. $[_{AspP} [_{Asp'} [_{Asp} [\pm prog]] [_{vP} DP_{su} [_{v'} [_v ø] [_{VP} [_V draw(ing)] [_{DPob} a circle]]]]]]$

La autora asume con Lyons (1977) que en los contextos de percepción no epistémica el verbo principal puede seleccionar semánticamente tanto entidades de primer orden (personas, animales, cosas) como entidades de segundo orden (eventos). Su hipótesis es que SAsp es la realización canónica de las entidades de segundo orden, de los eventos (Felser 1999: 136). Una estructura como la de (163b) estaría, por tanto, detrás de ejemplos como los de (159). En (160b), en cambio, la oración no flexiva sería proyección de ST. El ST se vincularía a la denotación de entidades de tercer orden: proposiciones (Felser 1999: 166). Por eso, lo encontraríamos en contextos de percepción epistémica (162), pero sería rechazado en la de percepción no epistémica (161).

Cierro este apartado destacando que una estructura como la de (158) significa que tanto el sintagma Tiempo como el sintagma Asp deben aparecer en las representaciones sintácticas pertenecientes a una lengua que diferencia contenidos temporales y aspectuales (véase para otro tipo de lenguas el capítulo 6, *infra*). El inglés es una de esas lenguas. En su intento de hacer encajar las piezas, Felser (1999) no considera necesario explicar qué supone para la gramática del Tiempo y del Aspecto, por un lado, asumir que estas proyecciones unas veces aparezcan juntas, oraciones flexivas, y otras separadas, oraciones no flexivas; y, por otro, que pueda elegirse entre proyectar el núcleo funcional T[iempo] o el núcleo funcional [Asp] según el tipo de predicado verbal, mezclando de este modo la sintaxis tempo-aspectual con la del Modo de Acción.

Hasta aquí estas breves notas sobre la sintaxis de las categorías gramaticales de Tiempo y de Aspecto. Como adelanté un poco más arriba, la posición en la estructura arbórea de Tiempo y Aspecto nos puede ayudar a entender y también a contar su relación con otras categorías funcionales. A ello dedico el próximo apartado. En 5.2.1 examinaré su vinculación con la Modalidad; en 5.2.2, con el Modo de Acción; y en 5.2.3 con la Evidencialidad.

5.2. Sobre relaciones de dominio

5.2.1. *Ser o no ser eventivo, esa es la cuestión*

Es un lugar común en la bibliografía que verbos auxiliares del tipo de *deber (de)* o *tener (que)*, vinculados a la noción de necesidad, o como *poder*, vinculado a la de posibilidad, son expresión de dos tipos de Modalidad: la *epistémica*[39], en la que la necesidad o posibilidad se ponen en relación con

---

[39] Un buen estado de la cuestión sobre la conexión entre la Modalidad epistémica y la Evidencialidad son de Squartini (2008) y Haan (2012).

el conocimiento del hablante; y la *radical*[40], en que se ponen en relación con las circunstancias que rodean al evento principal y sus participantes. Considérense los ejemplos de (164) y (165). Marcaré con la preposición *de* a partir de ahora la interpretación epistémica del auxiliar *deber*:

(164)   a. Su hijo pequeño {*debe de* ~ *puede*} haber hecho la tarea a las 17:00, que es cuando Juan llega del trabajo, porque a las 18:00 ya estaba hecha.

(165)   a. Los primeros invitados al cumpleaños llegarán a las 16:00, así que su hijo pequeño debe haber hecho la tarea antes de comer.
         b. Siendo tan cabezota, su hijo pequeño *puede* haber hecho la tarea antes de comer.

Las secuencias de (164) representan conjeturas del hablante basadas en los datos de que dispone: que la tarea está hecha a las 18:00, que Juan es el encargado de hacer la tarea con su hijo y que Juan llega del trabajo a las 17:00. La selección del auxiliar revela un mayor (*deber de*) o menor (*poder*) compromiso con la verdad de la proposición que introduce el verbo modal. En (165a) la situación consistente en haber hecho la tarea antes de comer se presenta como necesaria de acuerdo con las obligaciones que impone la visita de unos invitados; en (165b), se presenta como posible debido al temperamento de un niño.

Existe consenso en la bibliografía en que los verbos modales con interpretación epistémica se generan en posiciones más altas que los verbos modales radicales. El consenso parte de la constatación reflejada en la restricción de linearización de (166) (Laca 2005b: 14) de que si en una secuencia coinciden dos modales, el que aparece en primer lugar siempre recibe interpretación epistémica. Lo vemos en (167). Una oración como *Debe (de) poder dormir todo el día* tendría la interpretación de (167a), pero sería inaceptable en la de (167b):

(166)   *RADICAL + EPISTÉMICO
(167)   Debe (de) poder dormir todo el día.
         a. 'De acuerdo con las evidencias disponibles (infiero que), tiene permiso para dormir todo el día.'   √EP>RAD
         b. 'Tiene permiso para ser posible que duerma todo el día.'   #RAD>EP

El desacuerdo empieza, sin embargo, a la hora de determinar las posiciones de los modales epistémicos y radicales con respecto a las proyecciones de Tiempo y Aspecto. En la bibliografía sobre los verbos mo-

---

[40] El término *radical* suele utilizarse para englobar tanto la Modalidad *deóntica*, ligada a las nociones de obligación y permiso, como la *dinámica*, en que lo que hace posible o necesaria la actualización de un determinado estado de cosas son ciertas circunstancias, entendidas, bien como habilidades y disposiciones de un individuo, bien como condiciones generales que se dan en el mundo (Palmer 1986: 102-103).

dales del inglés, se asume mayoritariamente que Tiempo y Aspecto tienen alcance únicamente sobre los modales radicales, como refleja la jerarquía de Cinque (1999) de (168). La razón es que la expresión morfológica de los contenidos tempo-aspectuales parece tener solo repercusión semántica si el modal es radical; no si es epistémico.

(168)   JERARQUÍA DE CINQUE (nudos irrelevantes, omitidos)
        ModalEPISTÉMICO > TIEMPO> ASPECTO> ModalRADICAL

En la bibliografía sobre esas lenguas más ricas morfológicamente, como el francés y el español, por el contrario, encontramos quienes comparten este mismo punto de vista y quienes defienden otro: que Tiempo y Aspecto podrían tener alcance sobre el auxiliar epistémico. En consecuencia, la morfología tempo-aspectual en estos modales no podría considerase vacua.

Mantener una u otra postura tiene consecuencias inmediatas. Observemos los ejemplos de (169):

(169)   a. Debe de *haber hecho* la tarea las 17:00.
        b. *Ha debido de* hacer la tarea a las 17:00.
        c. 'De acuerdo con la información disponible, se infiere que ha hecho la tarea a las 17:00.'

El ejemplo de (169a) presenta el infinitivo en forma compuesta; el de (169b), el auxiliar modal. Si la morfología tempo-aspectual en el auxiliar es vacua, es decir, si se interpreta en el predicado auxiliado, las lecturas que recibirían estas parejas de oraciones vendrían a ser coincidentes. Una y otra recibirían la interpretación de (169c). Esto es a lo que Martin (2011) denomina la *Hipótesis de la identidad de* haber. En cambio, si la morfología tempo-aspectual en el modal no es vacua, las lecturas tendrían que ser diferentes, como lo son las de los ejemplos de (170a, b), con un modal radical:

(170)   a. Debe *haber hecho* la tarea las 17:00.
        a'. 'Tiene la obligación de haber hecho la tarea a las 17:00.'
        b. *Ha debido* hacer la tarea a las 17:00.
        b.' 'Ha tenido la obligación de hacer la tarea a las 17:00.'

Carrasco Gutiérrez (2018) se alinea con quienes defienden que la morfología tempo-aspectual en el auxiliar epistémico es vacua y sostiene, consiguientemente, que las interpretaciones de (169a, b) son equivalentes. La asunción de partida es que la morfología tempo-aspectual solo es interpretable en relación con predicados que denotan situaciones que pueden ser localizadas en la línea temporal. Los modales radicales se incluirían en este grupo, serían eventivos, pero los modales epistémicos no.

En (171) y (172) se recoge una prueba clásica para sustentar la naturaleza eventiva únicamente de los modales radicales: el efecto de la modificación por medio de expresiones del tipo de *otra vez* de estructuras constituidas por más de un verbo (Napoli 1981: 874):

(171)   a. Juan *otra vez* ha debido de pedir cita en el dentista.
        b. Juan ha debido de pedir cita en el dentista *otra vez*.
        c. 'De acuerdo con la información disponible, se infiere que Juan ha pedido cita en el dentista otra vez.'

(172)   a. Juan *otra vez* ha debido pedir cita en el dentista.
        a'. 'Otra vez ha tenido la obligación de pedir cita en el dentista.'
        b. Juan ha debido pedir cita en el dentista *otra vez*.
        b'. 'Ha tenido la obligación de pedir cita en el dentista otra vez.'

En los ejemplos (171a) y (172a) la expresión *otra vez* aparece delante de los auxiliares modales; en los ejemplos (171b) y (172b), detrás. La idea es que si las estructuras perifrásticas denotan un único evento, la anteposición o posposición de *otra vez* no afecta en modo alguno a la interpretación de la secuencia. Y eso es lo que ocurre, precisamente, en (171). La interpretación de (171c) es común a las estructuras de (171a) y (171b). *Otra vez* genera la presuposición de que el evento que modifica ha tenido lugar previamente. En ambas oraciones, ese evento es el consistente en pedir cita en el dentista.

Por el contrario, si las estructuras perifrásticas denotan dos eventos, las interpretaciones serán distintas. Fíjese el lector, efectivamente, en que solo en (172b) el evento que se presupone que ha tenido lugar con anterioridad es el denotado por el predicado en forma no personal (172b'). En (172a), por el contrario, se trata del evento denotado por el verbo flexionado: el evento consistente en tener Juan la obligación de pedir cita en el dentista (172a').

Los modales radicales encabezarían estructuras bieventivas; los modales epistémicos, estructuras monoeventivas. Así las cosas, podemos hacer dos predicciones rápidas. La primera es que en las estructuras con modales epistémicos se detectarán las mismas restricciones de coaparición de significados aspectuales y contenidos de Modo de Acción que en las estructuras no modalizadas. Las oraciones de (173) y (174) así lo confirman. Empecemos por las de (173)[41]:

(173)   a. *Juan *nacía* durante una tormenta
        b. *Juan *debía de* nacer durante una tormenta, ya que ...
        c. Juan *debía* nacer durante una tormenta.
        [adaptado de Tasmowski (1980: §2.1)]

---

[41] (173a) es aceptable en la interpretación de imperfecto narrativo. En (173b) esta interpretación está bloqueada por el auxiliar epistémico.

(173a) es un ejemplo de la incompatibilidad conocida de los predicados télicos instantáneos con la morfología aspectual Imperfectiva. Estos predicados no tienen duración y, por ello, no es posible establecer la relación de inclusión entre el tiempo del foco y el tiempo de la situación. En (173b, c) observamos un contraste sorprendente: si la morfología tempo-aspectual se expresa en el auxiliar epistémico el resultado es agramatical; no lo es si se expresa en el auxiliar radical.

Este contraste tiene difícil explicación si suponemos que la morfología tempo-aspectual es interpretable en ambos modales. No lo es, por el contrario, si asumimos que solo es interpretable en los radicales. La condición para la interpretabilidad es que el verbo, principal o auxiliar, sea eventivo. Dicho de otro modo, la información de aspecto Imperfectivo haría visible una parte del tiempo del evento denotado por el auxiliar radical. Así las cosas, serían las distintas propiedades accionales del predicado de (173a) y del modal radical de (173c) las que estarían detrás de las diferencias de juicio que nos merecen los tres ejemplos. El auxiliar epistémico no tendría naturaleza eventiva: la información de aspecto Imperfectivo se "leería" en el predicado principal, esto es, haría visible una parte del tiempo del evento consistente en nacer.

Repárese en que si sostuviéramos que la coincidencia entre los juicios que nos merecen (173a, b) se atribuyera a que el modal epistémico tiene las mismas propiedades accionales que *nacer*, a que son, por tanto, predicados de logro, no podríamos explicar lo que ocurre en (174). Las secuencias en (174a) y (174b) nos merecen también los mismos juicios. Sin embargo, el predicado no es de logro, sino estativo. Lo que estos ejemplos ilustran es la resistencia de los predicados estativos permanentes a combinarse con la morfología de aspecto Perfectivo:

(174)   a. Había una vez una reina. Esta reina {*era* ~ **fue*} muy anciana.
          b. Había una vez una reina. Esta reina {*debía* ~ **debió*} de ser muy anciana.
          [adaptado de Tasmowski (1980: §2.1)]

La segunda predicción es que tanto las estructuras no modalizadas como las estructuras con modales epistémicos compartirán los mismos efectos de interpretación que se derivan de ciertas combinaciones de contenidos de Aspecto y Modo de Acción (Borgonovo y Cummins 2007: 3). (175) y (176) muestran que la predicción se confirma:

(175)   Su hijo pequeño *hacía* la tarea …
          a. cuando sonó el teléfono.
          b. en verano nada más levantarse.

(176)   Su hijo pequeño *debía [de] hacer* la tarea.
   a. cuando sonó el teléfono.
   b. en verano nada más levantarse.

El contenido aspectual Imperfectivo da lugar a interpretaciones pro-gresivas o habituales en combinación con predicados dinámicos. Una oración como *Su hijo pequeño hacía la tarea*, por ejemplo, puede situar en la línea temporal como coincidente con un punto una única ocurrencia del evento verbal (175a) o puede utilizarse para describir un hábito consistente en múltiples ocurrencias de un evento (175b). Pues bien, lo interesante es que un predicado dinámico recibiría estas dos mismas interpretaciones incluso si la morfología de Imperfecto recayera sobre un auxiliar episté-mico, como en (176). En otras palabras, la morfología Imperfectiva no se interpretaría en la forma verbal en que se manifiesta.

El comportamiento de los auxiliares radicales es el opuesto: no son opacos a la información de Aspecto gramatical. En (177) comprobamos que la interpretación progresiva (177a) o habitual (177b) no le corres-ponde al predicado auxiliado, sino al modal. Esa es la razón por la que las oraciones de (178a, b) pueden ser continuación de las de (177a, b), respectivamente, pero resultarían contradictorias como continuación de oraciones como la de (176), encabezadas por un auxiliar epistémico:

(177)   Su hijo pequeño *debía* hacer la tarea…
   a. cuando sonó el teléfono.
   b. en verano nada más levantarse.
(178)   a. La llamada impidió que sacara los libros.
   b. Pero la mayoría de las veces se le olvidaba.

Dejamos este apartado en que se ha explorado la relación entre As-pecto y Modalidad. Sin embargo, los datos sobre los que se ha construido la argumentación a favor de considerar que la morfología tempo-aspec-tual en el modal epistémico es vacua nos van a servir de puente con el subapartado siguiente, en el que seguiremos con la atención puesta en las relaciones entre el Aspecto y el Modo de Acción.

5.2.2. *El efecto estativizador del Perfecto*

A los contenidos de Aspecto gramatical se les atribuye en la biblio-grafía un contenido procedimental rígido; a los de Modo de Acción, un contenido conceptual más flexible porque pueden ser modificados en el proceso de composición del significado oracional (Escandell y Leonetti 2000). Las categorías con contenido procedimental imponen sus requisitos de selección a las categorías con contenido conceptual que están bajo su alcance. Lo contrario no es posible.

A lo largo de estas páginas ya han aparecido varios ejemplos con los que se suele ilustrar en la bibliografía que algunas combinaciones de contenidos de Aspecto y Modo de Acción provocan, bien agramaticalidad, bien efectos inesperados. Ejemplos del primer tipo son las oraciones de (173a), *Juan nacía durante una tormenta, y (174a), Había una vez una reina. Esta reina {era ~ *fue} muy anciana, que muestran la incompatibilidad del contenido Imperfectivo con los predicados de logro, y del contenido Perfectivo con los predicados estativos permanentes, respectivamente. Ejemplo de lo segundo es la denominada paradoja Perfectiva, esto es, la posibilidad de que no se afirme la culminación de un evento télico durativo denotado por un predicado que construimos con morfología de aspecto Perfectivo (3.3.2, supra).

En este apartado y en el siguiente vamos a seguir hablando de efectos inesperados. Nos ocupamos ahora del comportamiento estativo de las formas compuestas con interpretación de Perfecto de los predicados dinámicos. El significado que se ha dado en la bibliografía a comportarse como un estado es el de responder como este tipo de predicados a una serie de pruebas o test denominados de estatividad. Mencionaré tres de ellos: el del presente Vlach (1981a: 67; 1993: 239), el del modal deber Katz (2003: 6-8) y el de la percepción no epistémica.

A. Test del presente

La interpretación más natural para el presente de una forma verbal estativa es la de simultaneidad del evento con el momento del habla. Por esa razón, la oración la tarea está hecha de (179) podría tomarse como ejemplo de atribución de una propiedad en el momento de la enunciación a la entidad denotada por el sujeto (179a). La interpretación de presente habitual no es imposible, como se ilustra en (179b), pero no es la que obtendríamos por defecto, sin más información del contexto:

> (179)   La tarea está hecha.
>   a. SIMULTANEIDAD CON H:
>   … Lo veo claramente desde el salón.
>   b. PRESENTE HABITUAL:
>   … cada tarde antes de la merienda.

Si el predicado no es estativo, como en (180), la interpretación de presente habitual es más fácil de obtener, incluso sin información adicional del contexto (180b). En cambio, la interpretación de simultaneidad con el momento del habla puede resultar más forzada en ocasiones (180a):

> (180)   Su hijo pequeño *hace la tarea.*
> a. Simultaneidad con H:
> … ??Lo veo claramente desde el salón.
> b. Presente habitual:
> …, así se explica que su progreso en el cole.

Pues bien, el ejemplo de (181) es la primera prueba de que los predicados no estativos construidos con la forma compuesta del verbo y con lectura de Perfecto manifiestan el mismo comportamiento que los predicados estativos. La interpretación más natural, por tanto, para *Su hijo ya ha hecho la tarea* sería la de simultaneidad con el momento del habla (181a):

> (181)   Su hijo pequeño *ya ha hecho la tarea.*
> a. Simultaneidad con H:
> … Lo veo claramente desde el salón.
> b. Presente habitual:
> … cada tarde antes de la merienda.

B. *Test del modal deber*

La segunda evidencia nos la proporciona la interpretación del auxiliar modal *deber* en presente. Los predicados estativos y las formas compuestas con lectura de Perfecto de predicados no estativos admiten la interpretación epistémica.

Consideremos en primer lugar las oraciones de (182):

> (182)   Interpretación epistémica:
> a. ??Su hijo pequeño debe de *hacer la tarea* ahora, porque apenas se oye ruido.
> b. Su hijo pequeño debe de *hacer la tarea* los fines de semana, porque se deja la mochila en el cole.
> Interpretación deóntica:
> c. Su hijo pequeño debe *hacer la tarea.* Hoy traía en la agenda un aviso de su profesor.

(182a, b) representan conjeturas del hablante basadas en los datos de que dispone: el poco ruido que se oye (182a) o que la mochila del niño permanezca en el colegio (182b). El tiempo presente del auxiliar sitúa como simultáneo con el momento del habla el evento consistente en hacer la tarea. El contraste de (182a, b) es, pues, paralelo al de (180a, b). La interpretación epistémica es posible si consideramos que hacer la tarea no es el suceso en el que quizás esté envuelto la entidad denotada por *su*

hijo pequeño en el momento del habla (182a), sino un suceso que probablemente constituye un hábito suyo (182b). (182c), por último, es ejemplo de
interpretación deóntica: hacer la tarea su hijo pequeño es una situación
que se presenta como necesaria en el momento del habla, de acuerdo con
las obligaciones que impone el aviso de un profesor escrito en una agenda
escolar. Puesto que el auxiliar deóntico impone por defecto una orienta-
ción temporal prospectiva al predicado auxiliado, obsérvese que, de tener
lugar, el niño hará la tarea en un momento posterior al de la enunciación.
Esto explica la gramaticalidad de la oración.

En los ejemplos de (183) y (184) encontramos un predicado estativo,
estar hecha la tarea (183a, 184a), y el mismo predicado no estativo de los
ejemplos anteriores, *hacer la tarea*, pero combinado con la forma compuesta
del verbo y con interpretación de Perfecto (183b, 184b). El verbo modal
está en presente. No obstante, esto no es obstáculo para obtener no solo
la interpretación deóntica (183), sino también la epistémica (184).

(183)   INTERPRETACIÓN DEÓNTICA:
        a. La tarea debe *estar hecha* antes de que lleguen los invitados al cumpleaños.
        b. Su hijo pequeño ya debe *haber hecho la tarea* para cuando lleguen los
           invitados al cumpleaños.
(184)   INTERPRETACIÓN EPISTÉMICA:
        a. La tarea debe de *estar hecha*, porque vuelven a oírse los dibujos animados.
        b. Su hijo pequeño ya debe de *haber hecho la tarea*, porque vuelven a oírse
           los dibujos animados.

C. *Test de la percepción no epistémica*

Para terminar, los predicados estativos y los no estativos manifiestan
distinta distribución también en las subordinadas a verbos de percepción
del tipo de *ver*. Veíamos en 5.1 que la bibliografía distingue entre contextos
de percepción *directa* o *no epistémica* y contextos de percepción *indirecta* o
epistémica. En los primeros, la oración subordinada aparece en infinitivo.
En los segundos, se trata de oraciones flexivas.

La afirmación de que los predicados estativos están excluidos de
los contextos de percepción no epistémica, esto es, cuando contamos lo
que vemos, es un lugar común en la bibliografía. (185a) es un ejemplo.
Repárese, por el contrario, en que no provocan agramaticalidad en los
contextos de percepción epistémica, es decir, cuando contamos lo que
sabemos (185b):

(185)   a. *La vimos *estar hecha*.
        b. Vimos que la tarea *estaba hecha*.

Los predicados no estativos pueden aparecer tanto en las oraciones de infinitivo (186a) como en las oraciones flexivas (186b) subordinadas a *ver*:

(186)   a. Lo vimos *hacer la tarea*.
         b. Vimos que su hijo pequeño *hacía la tarea*.

Los ejemplos de (187) confirman lo que hemos venido mostrando a lo largo de todo este apartado: las formas compuestas de los predicados no estativos con interpretación de Perfecto se agrupan con los predicados estativos. Esto explica la agramaticalidad de (187a), un ejemplo de percepción no epistémica:

(187)   a. PERCEPCIÓN NO EPISTÉMICA
             *La vimos *ya haber hecho* la tarea.
         b. PERCEPCIÓN EPISTÉMICA
             Vimos que *ya había hecho* la tarea.

Tres han sido básicamente los enfoques con que se ha pretendido explicar el comportamiento inesperado del Perfecto. El primero es el del "estado resultante", según el cual los predicados en Perfecto denotan el estado que deriva de la ocurrencia de un evento (Parsons 1990, Kamp y Reyle 1993, Katz 2003). El segundo atribuye a la morfología de Perfecto la capacidad de introducir estados en el discurso. Su interpretación se determina unas veces de manera léxica (fundamentalmente con predicados télicos) y otras contextualmente (con predicados tanto télicos como atélicos) (Nishiyama y Koenig 2004, 2010, Piñón 2014). El tercer enfoque consiste en considerar al Perfecto como un mecanismo de coerción aspectual, esto es, de reparación de un conflicto entre las propiedades semánticas de un elemento selector y las propiedades semánticas de un elemento seleccionado no esperable en un contexto determinado. El Perfecto permitiría obtener gramaticalmente predicados estativos (Michaelis 2011).

Estos planteamientos nos llevan inmediatamente a formular nuevas preguntas. En primer lugar, tanto las formas verbales Perfectivas como las de Perfecto de un predicado télico suponen la culminación del evento. Dicho de otro modo, las dos oraciones *Su hijo pequeño ya había hecho la tarea a las 17:00* y *Su hijo pequeño hizo la tarea a las 17:00* suponen que se ha alcanzado el estado meta. Así las cosas, ¿por qué solo las formas verbales de Perfecto responden como hemos visto a los test de estatividad?

En segundo lugar, no queda claro cuál es el estatus lingüístico del estado introducido por el Perfecto. ¿Es necesario solo en el nivel de la interpretación? ¿Hay que suponerlo también a nivel sintáctico? Incluso en este segundo caso, ¿cómo podría manejarse sintácticamente un estado cuya determinación depende en algunos casos del contexto?

Por último, la coerción suele manejarse como un mecanismo en cierto modo "reparador" para casos excepcionales, pero, precisamente, el fenómeno al que nos estamos refiriendo no ocurre de manera ocasional, sino sistemáticamente. No puede abordarse, por tanto, como un conflicto.

Hay otra manera de afrontar las cosas: hacer depender la supuesta estatividad del Perfecto de su naturaleza como contenido de Aspecto gramatical. Me referí a ello en el apartado 2.2. Lo que caracterizaría al Perfecto sería hacer visibles siempre los estados finales de la estructura subeventiva de los sucesos. De ahí puede derivarse su supuesto efecto estativizador.

Termino con la mención a otra construcción a la que se ha atribuido este mismo efecto, la perífrasis progresiva <*estar* + gerundio> (García Fernández 2009, Michaelis 2011, Carrasco Gutiérrez 2017). La respuesta a los tres test anteriores así lo confirma: posibilidad de indicación de simultaneidad con H en presente de manera natural (188a); interpretación epistémica del auxiliar modal *deber* (189b) y exclusión de los contextos de percepción no epistémica (190a):

(188)   Su hijo pequeño *está haciendo la tarea*.
         a. SIMULTANEIDAD CON H:
            … Lo veo claramente desde el salón.
         b. PRESENTE HABITUAL:
            … cada tarde antes de la merienda.

(189)   a. INTERPRETACIÓN DEÓNTICA:
          Su hijo debe *estar haciendo* antes de que lleguen los invitados al cumpleaños.
         b. INTERPRETACIÓN EPISTÉMICA:
          Su hijo pequeño debe de *estar haciendo la tarea*, porque apenas se oye ruido.

(190)   a. PERCEPCIÓN NO EPISTÉMICA
          *La vimos *estar haciendo* la tarea.
         b. PERCEPCIÓN EPISTÉMICA
          Vimos que *estaba haciendo* la tarea.

En Carrasco Gutiérrez (2017) se deriva el efecto estativizador de la perífrasis del hecho de que selecciona una fase interna de la estructura subeventiva del predicado. A diferencia del Perfecto, sin embargo, el contenido progresivo no formaría parte de los contenidos de Aspecto gramatical propiamente dicho: <*estar* + gerundio> puede combinarse con todo ellos (191) (véase el apartado 2.1, *supra*). Adviértase que el hecho de seleccionar una fase interna del evento sería la razón por la que no se puede obtener la lectura resultativa del Perfecto (191c):

(191)   a. IMPERFECTIVO:
          Estaba haciendo la tarea.
      b. PERFECTIVO:
          {*Estuvo* ~ *Ha estado*} *haciendo* la tarea.
      c. PERFECTO:
          Ya ha estado haciendo la tarea. √EXPERIENCIAL/#RESULTATIVO
      d. CONTINUATIVO:
          Ha estado haciendo la tarea desde las 17:00.

5.2.3. *Y por encima la Evidencialidad*

En 5.2.1 vimos algunos ejemplos de incompatibilidad entre predicados télicos instantáneos y la morfología Imperfectiva. Detengámonos ahora en (192). Utilizaré este ejemplo para introducir la última categoría gramatical que me interesa: la Evidencialidad:

(192)   A: - ¿Qué sabes de Juan?
        B: - *Llegaba* el martes.
        [Leonetti y Escandell-Vidal (2003:135), ej. 1]

(192) constituye un ejemplo de lo que se denomina uso *citativo* del pretérito imperfecto. El nombre se debe a que una manera natural de parafrasear (192B) consiste en introducir un verbo de comunicación (193). Se refleja así la idea de que el contenido del pretérito imperfecto de (192B) incluye la referencia a la fuente de la que procede la información que se transmite: las palabras de otra persona.

(193)   Me dijo que *llegaba* el martes.

La Evidencialidad es la categoría que gramaticaliza el tipo de fuente, directa o indirecta, de la que se obtiene el contenido proposicional de los enunciados (Aikhenvald 2004). Las marcas evidenciales directas apuntan a que la fuente de información es la propia experiencia del hablante (194). Las indirectas, a que el hablante se sirve, por ejemplo, de procesos mentales inferenciales (195a, b) (deducciones, suposiciones, conjeturas) o toma la información de segundas personas (196).

(194)   Juse irida   di-manika-**ka**
        José football   3sgnf-play-REC.P.VIS
        'J. ha jugado al fútbol (lo vimos).'
(195)   a. Juse irida   di-manika-**nihka**
         José football 3sgnf-play-REC.P.INFR
         'J. ha jugado al fútbol (lo inferimos a partir de evidencia visual).'
        b. Juse irida   di-manika-**sika**
         José football 3sgnf-play-REC.P.ASSUM
         'J. ha jugado al fútbol (lo asumimos basándonos en los que ya sabemos).'

(196)   Juse irida di-manika-**pidaka**
         José football 3sgnf-play-REC.P.REP
         'J. ha jugado al fútbol (nos lo dijeron).'
         [Aikhenvald (2004: 2-3), ejs. 1.1, 1.3-1-5]

Los ejemplos anteriores pertenecen al tariana, una lengua de la familia Arawuak, hablada en la zona del río Vaupés, en la zona noroeste de la Amazonia (Brasil). La marca evidencial en negrita indica asimismo pasado reciente. Para entender la diferencia entre (195a) y (195b) piénsese, por ejemplo, en una situación en que el hablante vuelve a casa y J. no está. En su habitación la ropa está revuelta y faltan las botas de fútbol. Aquí sería apropiada (195a). (195b) podría ser lo que dijera el hablante al pensar en J. Es domingo y se conoce su costumbre de jugar al fútbol al final de la semana.

La estructura de (197) representaría la relación de alcance de los morfemas que codifican la Evidencialidad sobre toda la oración:

(197)   [SEvidencial morfema evidencial [SComp/ST Proposición (se incluye
         Tiempo/Aspecto, Negación y Modalidad [Sv Descripción del evento]))]
         [Adaptado de Guéron (2015: 108), ej. (35)]

El español no es una lengua que exprese morfológicamente la fuente de información. No obstante, empleos del pretérito imperfecto como el que se ilustra en (192B) pueden considerarse como *estrategias evidenciales*. Se habla de estrategia si la interpretación evidencial es secundaria, esto es, si deriva de la interpretación principal de una forma verbal (Aikhenvald 2004: 105). Y, efectivamente, (192B) es ilustración de un valor secundario del pretérito imperfecto. En este ejemplo se produce un desajuste entre los requisitos de selección de la categoría funcional de aspecto Imperfectivo y las propiedades semánticas del predicado verbal. Recuérdese que el aspecto Imperfectivo, por presentar el evento como abierto, como en curso, es incompatible con los predicados télicos instantáneos.

Para Leonetti y Escandell-Vidal (2003), la interpretación evidencial es la manera de resolverlo, el modo en que se manifiesta la coerción aspectual. Solucionar el conflicto significa que debe ser posible entender como atélico el predicado télico de (192B). Estos autores apuntan a que la atelicidad se relaciona con que la lectura citativa del pretérito imperfecto es necesariamente prospectiva y no factual. En otras palabras, en (192B) entendemos la llegada de Juan como una situación programada que se planea para después de un tiempo situado en el pasado.

El condicional *de rumor* de (198), utilizado en prosa periodística para marcar que la fuente indirecta son las palabras de otra persona representa otro ejemplo de estrategia evidencial, que encontramos asimismo en lenguas como el francés, el italiano y el portugués (199):

(198)   Los atacantes *habrían sido reducidos* poco después.
(199)   a. **Francés**:
          A ux dernières informations, les concurrents auraient franchi le Cap Horn. (from Charaudeau 1992: 464)
          'Según las últimas noticias, los competidores han doblado (lit. habrían doblado) el Cabo de Hornos.'
          b. **Italiano**:
          Secondo le ultime informazioni il presidente avrebbe lasciato Roma ieri.
          'Según las últimas noticias, el presidente abandonó (lit. habría abandonado) Roma ayer.')
          c. **Portugués**:
          Ao mesmo tempo desmentiu informações da imprensa segundo as quais os EUA estariam a treinar militarmente grupos de opositores a Saddam (*Diário de Notícias 1.2.1999:14*)
          ('Al mismo tiempo desmintió las informaciones aparecidas en la prensa según las cuales Estados Unidos estaba entrenando (lit. estaría entrenando) militarmente a grupos de opositores a Saddam.')
          [Squartini (2001: 306 y 318), ejs. 1, 2, 5]

El pretérito pluscuamperfecto utilizado en el español de La Paz (Colombia) habría adquirido este mismo valor evidencial por influencia del contacto con el aimara (200) (Martin 1981):

(200)   Hoy día *había llegado* su mama de él.
          [Aikhenvald (2004: 114), ej. 4.8]

Y se han descritos usos evidenciales también del pretérito perfecto del español de Quito (Perú) (Bustamante 1991: 208) (véase el capítulo 4, *supra*):

En otra oportunidad voy de visita a la casa de amigos y al entrar la empleada me cuenta un hecho ocurrido el día anterior. Le pregunto:
I: *¿Qué pasó Martita?*
M: *Se quemó el televisor mismo, señorita.*
I: *¿Cuando Martita?*
M: *Ayer **ha sido** de todo pasar.*
Desde el punto de vista de la estructura de este enunciado lo que sobresale no es solamente el uso del presente perfecto sino también la estructura del enunciado en el cual se presenta. En otros dialectos tendríamos las siguientes alternativas:
Ayer pasó todo o *Ayer ha pasado todo.*
Al reconsiderar la conversación tomando en cuenta el contexto situacional, se hace obvio que las dos frases dadas como equivalentes no lo son. *Ayer ha sido de todo pasar* significa:
Alguien me dijo que ayer pasó todo.

Al final de la cita anterior se destaca que el ejemplo *Ayer ha sido de todo pasar* no describe en realidad una situación, sino que recogería el contenido de las palabras de una tercera persona. El pretérito perfecto compuesto se utiliza, por tanto, como una estrategia evidencial para la expresión de fuente indirecta.

La atribución de significados evidenciales al pretérito perfecto compuesto es, sin duda, la más habitual en la bibliografía. Remitimos al lector a los trabajos de Comrie (1976), Lindstedt (2000), Aikhenvald (2004), Rothstein (2008) y a las referencias allí citadas. Recordemos que la forma convencional de describir el contenido aspectual de Perfecto pasa por separar el tiempo de la situación y el tiempo de un estado de cosas posterior (véanse los apartados 1.2. y 2.2, *supra*). Pues bien, los valores evidenciales del Perfecto suelen derivarse en la bibliografía de esta separación (Comrie 1976: 110):

> Con el perfecto, un acontecimiento pasado se relaciona con un estado presente. En otras palabras, el acontecimiento pasado no se presenta en sí mismo, sino por su relación con un estado presente. Con el inferencial, el acontecimiento pasado tampoco se presenta simplemente *per se*, sino que se infiere de algún resultado menos directo de la acción (por ejemplo, palabras de otras personas, o evidencia obtenida a primera vista, como la humedad de la carretera que lleva a la inferencia de que ha estado lloviendo, incluso cuando la lluvia en sí no se ha presenciado directamente). Así pues, la similitud semántica (que no, por supuesto identidad) entre perfecto e inferencial reside en el hecho de que ambas categorías presentan un acontecimiento no en sí mismo, sino a través de sus resultados, y es esta similitud la que encuentra expresión formal en lenguas como el georgiano, el búlgaro y el estonio.

Me interesa destacar a este respecto la propuesta de Guéron (2015) de que los Perfectos del francés o del inglés podrían considerarse no ya secundaria, sino primariamente evidenciales: introducirían un intervalo temporal retrospectivo que conectaría al hablante con una fuente de información directa o indirecta. Este intervalo se describe, por un lado, como una cadena de comunicación ininterrumpida que une un participante en el evento con una fuente de información y esa fuente de información con el hablante. Así explica el significado del Perfecto experiencial de (201), que se representa esquemáticamente en la Figura VI; la interpretación Continuativa de (202), que se representa en la Figura VII; y el significado del Perfecto resultativo de (203), que se representa en la Figura VIII.

(201)   John has visited Boston three times.
         'J. ha visitado Boston tres veces.'
         [Guéron (2015: 103), ej. 18]

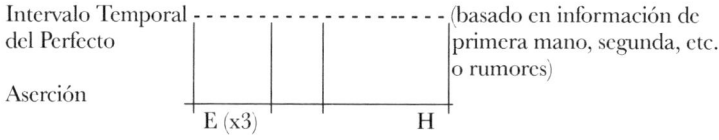

FIGURA VI. *Perfecto experiencial*
(Guéron 2015: 103)

(202)   John has known Mary since the year 2000.
'J. conoce a M. desde 2000.'
[Guéron (2015: 103), ej. 19]

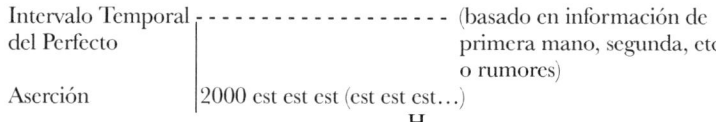

FIGURA VII. *Perfecto universal*
(Guéron 2015: 103)[42]

(203)   John has broken his leg.
'J. se ha roto la pierna.'
[Guéron (2015: 103), ej. 20]

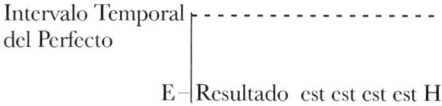

FIGURA VIII. *Perfecto resultativo*
(Guéron 2015: 103)

La línea discontinua está por el intervalo temporal que a juicio de esta autora introduciría el pretérito perfecto compuesto del inglés. El intervalo incluye H. Eso es lo que convertiría al pretérito perfecto compuesto en un *tiempo del discurso*, frente al pretérito perfecto simple, que sería un *tiempo de la narración* (Benveniste 1966). Las líneas verticales de la Figura VI represen-

---

[42] Como se indica en la sección de *Bibliografía comentada*, en la bibliografía se denomina Perfecto *universal* lo que aquí hemos denominado interpretación Continuativa de los tiempos compuestos Perfectivos.

tan las distintas ocurrencias del evento. El espacio entre la última ocurrencia del evento y H está cubierto por esa cadena implícita ininterrumpida
de comunicación sobre el evento, del tipo que sea, cuyo origen está en la
fuente de información. La misma cadena de comunicación asegura, por
un lado, la persistencia del estado de (202) (*est*, en la Figura VII), consistente en conocer J. a M, desde el límite izquierdo hasta al menos H; y,
por otro, la conexión con H del resultado de un evento pasado en (203).

En esta misma línea de abordar desde la Evidencialidad determinados
contenidos tempo-aspectuales, hemos de citar finalmente los trabajos de
Escandell-Vidal (2010, 2014) sobre el futuro. El objetivo de esta autora
es superar los problemas de los dos enfoques alternativos, el temporal y
el modal (Squartini 2001, 2004, Falaus y Laca 2014, Laca 2016). Simplificando mucho, el primero ignora la no factualidad de las situaciones
futuras; el segundo, presta atención fundamentalmente a los usos hipotéticos del futuro. Para Escandell Vidal (2010: 22), el futuro no indica que el
evento verbal se localiza en el porvenir (enfoque temporal) ni que es fruto
de una conjetura (enfoque modal). Su significado sería más abstracto, de
tipo procedimental: codificaría la instrucción de que "la única fuente de
que el hablante dispone con respecto al contenido proposicional es un
proceso interno propio" (p. 24). Ese proceso es la inferencia. Este significado básico, de naturaleza lingüística, se combina necesariamente con
otros parámetros contextuales para dar lugar a las interpretaciones del
futuro denominadas *prospectivas* (204), *de conjetura* (205 y 206) y *de necesidad*
(207) del futuro. Todas ellas corresponden a las posibilidades pragmáticas
del futuro. En ningún caso deben formar parte, a juicio de la autora, de
su caracterización semántica.

(204)   a. Te lo traeré mañana.
         b. Lo harás inmediatamente.
         c. Tendrás dos hijos.
            [Escandell Vidal (2010: 25), ejs. 12a, 11a, 10a]
(205)   A:- María no ha venido…
         B:- Estará enferma.
(206)   A:- Pues es un chico muy listo.
         B:- Será muy listo, pero no lo parece.
            [Escandell Vidal (2010: 26 y 27), ejs. 13 y 14]
(207)   a. Si dos ángulos equivalen a un recto, el otro será…
         b. Comprenderás que …
            [Escandell Vidal (2010: 28), ej. 16]

En los trabajos de Escandell Vidal y Leonetti (2019, 2021) se incluye
entre las interpretaciones de conjetura la denominada *mirativa* (208a). Lo

característico de esta lectura es la expresión de la sorpresa ante el grado en que se manifiesta una característica del sujeto (208b)[43]:

> (208)   a. ¡Será caradura el tío!
>   [Escandell-Vidal y Leonetti (2019), ej. 1c]
>   b. 'Es sorprendente lo muy caradura que es el tío'

---

[43] El lector interesado puede consultar los siguientes trabajos sobre Miratividad: DeLancey (1997, 2001, 2012), Aikhenvald (2012), Peterson (2016), Lau y Rooryck (2017), Squartini (2018). Tratan también sobre futuros mirativos Rivero (2014) y Rodríguez Rosique (2015).

ALGUNAS ESTAMPAS EXÓTICAS

El último capítulo vuelve modestamente la mirada hacia lenguas muy distintas de las que conocemos. Tomo algunas de esas estampas exóticas del *World Atlas of Language Structures*. Las diferencias estriban en que sus formas verbales no varían morfológicamente para la expresión de contenidos tempo-aspectuales o en que es posible indicar en ellas mayor o menor distancia en el Pasado o en el Futuro. Estos dos asuntos se abordan en los apartados 6.1 y 6.2, respectivamente.

6.1. CUANDO LOS CONTENIDOS TEMPO-ASPECTUALES NO TIENEN EXPRESIÓN MORFOLÓGICA

6.1.1. *Selección de datos del World Atlas of Language Structures*

De acuerdo con el *World Atlas of Language Structures*:

1. Ochenta y ocho lenguas de las doscientas veintidós recogidas en los mapas destinados a las categorías de Tiempo y Aspecto no marcan morfológicamente el pasado, lo que se hace equivalente a no hacer la distinción entre indicar o no indicar pasado. Sobre las lenguas que distinguen grados de lejanía vuelvo en 6.2.

1.		Se hace la distinción *pasado/no pasado*		134
	A.	No se distinguen grados de lejanía	94	
	B.	Se distinguen entre dos y tres grados de lejanía	38	
	C.	Se distinguen al menos cuatro grados de lejanía	2	
2.		No se hace la distinción *pasado/no pasado*		88
	Total			222

TABLA XIV. *El tiempo pasado* (adaptado de Dahl y Velupillai 2005: 269)

Las ochenta y ocho lenguas se localizan fundamentalmente en el centro y oeste de África y en el sureste asiático. Las primeras se encuentran en los filos afroasiático, nilo-sahariano y níger-congo. Las segundas, en los filos sino-tibetano y austronesio y en la familia austroasiática[44]. Una importante diferencia es que las lenguas africanas sin marcas de pasado hacen la distinción entre aspecto Perfectivo e Imperfectivo. Las lenguas asiáticas son aislantes. Por tanto, ni hacen esta distinción ni distinguen flexivamente tampoco el futuro. Véase el mapa 66 (Dahl y Velupillai 2005: 276-277).

2. Ciento doce lenguas no tienen flexión de futuro:

1.	Se hace la distinción flexiva entre la indicación de *futuro/no futuro*	110
2.	No se hace la distinción flexiva entre la indicación de *futuro/no futuro*	112
	Total	222

TABLA XV. *El tiempo futuro*
(adaptado de Dahl y Velupillai 2005: 270)

En este caso, no existen grandes zonas donde claramente exista la tendencia a marcar morfológicamente el futuro o no hacerlo. La excepción se señala arriba: las lenguas aislantes del sudeste asiático. Por señalar solo algunas tendencias, las lenguas que marcan el futuro son mayoritarias en Norteamérica, en Australia, en el centro de Nueva Guinea y hay una amplia zona desde Oriente Medio hasta el Cáucaso. Por el contrario, suelen evitar hacerlo las lenguas europeas. Escapan a este patrón las lenguas romances occidentales, las bálticas y las celtas. Véase el mapa 67 (Dahl y Velupillai 2005: 278-279).

3. Ciento veintiuna lenguas no hacen la distinción entre los contenidos aspectuales Perfectivo e Imperfectivo:

1.	Se distingue gramaticalmente entre Perfectivo e Imperfectivo	101
2.	No se distingue gramaticalmente entre Perfectivo e Imperfectivo	121
	Total	222

TABLA XVI. *Aspecto Perfectivo e Imperfectivo* (adaptado de Dahl y Velupillai 2005: 267)

---

[44] El término *filo* se utiliza para reunir grupos de familias lingüísticas emparentadas genéticamente. Siempre que ha sido posible los datos de este capítulo referidos a nombres de lenguas, familias, filos, número de hablantes o distribución geográfica proceden o se han tomado de la adaptación que se hace en Moreno Cabrera (1990 y 2021).

Existe distinción gramatical para marcar la Perfectividad y la Imperfectividad en una franja que atraviesa el sur de Eurasia desde el centro y sur de Europa (sin contar la parte norte) hasta China. Se excluyen la parte dravídica de Asia meridional y todo el sudeste asiático. Se podría considerar que el área se extiende por África hasta el Ecuador, donde se solaparía en parte con la zona en que no se marca el pasado. Si dejamos de lado el área eslava, la distinción es poco frecuente en el norte de Europa. Tampoco la encontramos en América del sur o el sudeste asiático. Véase el mapa 65 (Dahl y Velupillai 2005: 274-275).

4. Ciento catorce lenguas carecen de Perfecto. Se tienen en cuenta únicamente las lenguas que distinguen las dos variedades, resultativa y experiencial. Asimismo, la única forma verbal de Perfecto considerada es el pretérito perfecto compuesto. Se ignoran otros tiempos como el pretérito pluscuamperfecto y el futuro o el condicional compuestos.

1.	Algún Perfecto		108
	A.	Perfecto del tipo-'haber' (derivado de una construcción posesiva)	7
	B.	Perfecto derivado de una palabra que significa 'acabar' o 'ya'	21
	C.	Otro Perfecto	80
2.	Ningún Perfecto		114
	Total		222

TABLA XVII. *Aspecto Perfecto*
(adaptado de Dahl y Velupillai 2005: 271)

Las zonas más extensas con Perfectos se encuentran en el occidente y sur de Europa, el sudeste asiático, África, Mesoamérica y el extremo noroeste de Sudamérica. Las zonas sin Perfectos se encuentran en el resto de Sudamérica y Australia. Véase el mapa 68 (Dahl y Velupillai 2005: 280-281).

Los Perfectos que derivan de la construcción posesiva se atestiguan casi exclusivamente en Europa (Camus 2008 y las referencias allí citadas). Véase el mapa 68.1 para su extensión actual, para las zonas en que el auxiliar *haber* se sustituye por *ser* cuando se construye con verbos intransitivos de movimiento y cambio de estado y para el reparto geográfico del Perfecto que ha desarrollado valores Perfectivos. El segundo tipo de Perfectos se concentra en el sudeste asiático y África occidental. En ambas zonas apenas se registran lenguas que distingan morfológicamente los contenidos aspectuales o temporales.

6.1.2. *Tres explicaciones para manejar lo diferente*

El examen de las doscientas lenguas de la muestra conduce a Dahl y Velupillai (2005: 268) a la siguiente reflexión:

> Aunque quizá no se formule tan a menudo como una hipótesis explícita, parece estar muy extendida la idea de que el tiempo y el aspecto son categorías alternativas la una a la otra —que las lenguas tienden a ser, bien "lenguas de tiempo" o "lenguas de aspecto"—. Si así fuera, cabría esperar una correlación negativa entre imperfectivos y perfectivos, por un lado, y pasados y futuros, por otro. Los datos presentados aquí no apoyan esta conclusión. De hecho, hay considerablemente más lenguas en la muestra que tienen tanto las categorías aspectuales como las temporales, o ninguna de ellas, que lenguas que solo tienen una. Es plausible que exista más bien una correlación positiva entre todas las categorías en cuestión y la complejidad morfológica general del verbo.

Según la cita, las lenguas no se clasifican en lenguas con Tiempo o lenguas con Aspecto. Lo más frecuente es que las lenguas tengan ambas categorías o ninguna de ellas, dependiendo de las posibilidades morfológicas de los verbos. En cualquier caso, hay una pregunta que late tras el estudio de estos sistemas lingüísticos menos conocidos: ¿qué consecuencias tiene que en una lengua no haya expresión morfológica de las categorías de Tiempo y de Aspecto? Las respuestas que he encontrado son tres. La primera, que los contenidos tempo-aspectuales se mantendrían. Solo su expresión sería defectiva. Dicho de otra manera, habría que postular la existencia de morfos cero subyacentes. En consecuencia, podría mantenerse una misma sintaxis para las lenguas con y sin expresión morfológica de las categorías de Tiempo y Aspecto.

La segunda respuesta es que los contenidos temporales o aspectuales ausentes se obtendrían por medio del recurso a otras categorías gramaticales. Por ejemplo, en una lengua sin Tiempo las situaciones inacotadas o Imperfectivas se interpretarían por defecto como situaciones presentes; las acotadas o Perfectivas, como pasadas[45]. En este segundo caso, sí habría diferencias sintácticas entre las lenguas con y sin expresión morfológica de Tiempo y Aspecto: las categorías funcionales sin expresión morfológica no se proyectarían.

En este bloque podrían incluirse las páginas que se dedican en Verkuyl (2008) al chino mandarín. Pero además este autor sugiere una vía muy

---

[45] En trabajos como Bhatt (1999) este punto de vista se conecta además con una clasificación potencial de las lenguas del mundo en lenguas *con prominencia del Tiempo*; lenguas con *prominencia del Aspecto*; y lenguas con *prominencia del Modo*. Los criterios para establecer la prominencia son el grado de gramaticalización, la obligatoriedad, el establecimiento de paradigmas y el carácter generalizado (extensión a otras áreas relevantes de la Gramática o alcance sobre ellas) (págs. 95-97).

interesante para abordar las diferencias entre las lenguas. Si se manejan sistemas temporales binarios, esto es, que vinculan primitivos teóricos de dos en dos (véase el apartado 1.1, *supra*), cabría pensar que la presencia o ausencia de morfología de Tiempo no es una cuestión de todo o nada: habría lenguas que solo plasmarían algunas de las relaciones posibles entre los primitivos sobre los que se construyen el sistema. Recuerde el lector que esta de hecho es la solución propuesta en el apartado 3.3.3 para explicar el comportamiento de las formas no flexivas del verbo.

La tercera forma de responder a la pregunta de arriba se aparta de las otras dos en un aspecto crucial: no se asume que los contenidos tempo-aspectuales sean centrales en la interpretación de una oración. La importancia se traslada de las categorías no presentes a la función que realizan. Si nos seguimos fijando por simplicidad en la categorías del Tiempo gramatical, habría que decir que existe una función, la de anclaje, de carácter universal y vertebrador que podría ser desempeñada interlingüísticamente por categorías diferentes. Pongamos un ejemplo.

En lenguas sin Tiempo como el halcomelés (lengua sélica hablada en la provincia canadiense de Columbia Británica) los auxiliares locativos con indicación de [+/- distante] contribuirían a esta función de anclaje de modo equivalente a como lo hace la flexión verbal con indicación de [+/- pasado] en otras lenguas; asimismo, en lenguas como el pies negros (lengua algonquina hablada en el estado americano de Montana y en algunas zonas de Canadá: Alberta, Saskatchewan) la función de anclaje se hace depender de prefijos de persona que especifican la coincidencia entre los participantes en el evento y alguno de los interlocutores [+(participante) local] o la no coincidencia [- (participante) local] (Ritter y Wiltschko 2004, 2009; Wiltschko 2014):

(209) [$_{SComp}$ Comp … [$_{SFlex}$ Flex …   … [$_{SV}$ V]]]

Inglés	Tiempo:	[+/-pasado]
Halcomelés	Localización:	[+/-distante]
Pies negros	Persona:	[+/-local]

[Adaptado de Ritter y Wiltschko (2009)]

A favor de este último planteamiento pueden aducirse datos de Wiltschko (2003) también sobre el halcomelés. Lo que muestran estos ejemplos es que la información temporal puede aparecer en otras categorías, por ejemplo, en nombres (210), en adjetivos (211) o en preposiciones (212).

(210) a. te-l   xéltel-**elh**
              DET-1SG.POSS   pencil-PAST
              'mi lápiz anterior'

       b. te-l   lálém-**cha**
       DET-1SG.POSS   house-FUT
       'mi futura casa'
       [Wiltschko (2003: 665), ejs. 7b, 8b]

(211)   a. te-l   swá-**lh**   kyó
       DET-1SG.POSS   own-PAST car
       Lit: 'Mi propio en el pasado coche'
       b. híkw-cha   te   lálém-s   tl'   Mali
         big- FUT   DET   house-3 POSS DET.OBL Mary
       Lit. 'Grande en el futuro la casa de María.'
       [Wiltschko (2003: 683-684), ejs. 50a, 51b]

(212)   stetís-**elh**   te   stó:lo
       near-PAST   DET   river
       Lit. 'Cerca en el pasado el río.'
       [Wiltschko (2003: 684), ej. 53a]

La conclusión a la que llega la autora es la siguiente (Witlschko 2003: 684):

> ... concluir que los marcadores de tiempo no ocupan necesariamente el núcleo sintáctico T. Si lo hicieran, no se esperaría que fuera posible que se adjuntaran a categorías no verbales (que no están vinculadas a ST). Dado que los morfemas de tiempo no tienen por qué ocupar T, la hipótesis nula es decir que nunca ocupan T.

Los ejemplos anteriores constituyen otra estampa exótica, vistos desde lenguas como la nuestra, en que la posibilidad de marcar el tiempo en categorías no verbales se limita a algunos prefijos derivativos que indicen sobre nombres y a algunos adjetivos que los modifican (213):

(213)   a. El delegado {*anterior ~ siguiente*}
       b. Mi {*entonces ~ actual*} novio
       c. Las {*futuras ~ próximas ~ pasadas*} vacaciones
       d. Su *ex* marido
       e. Las promociones *venideras*

Las preguntas que suscitan son numerosas y no están resueltas: ¿qué tipo de indicaciones son posibles?; ¿cómo afectan a la interpretación de las categorías sobre las que inciden y a la de los sintagmas que las contienen?; ¿cómo se interrelacionan estos contenidos temporales con los de las formas verbales en las lenguas en que unos y otros coaparezcan?; ¿qué núcleo funcional hospedaría estos morfemas?

6.2. TIEMPOS REMOTOS

Cierro este breve capítulo volviendo a los datos sobre indicación de distancia que contiene la Tabla XIV: en cuarenta lenguas del mundo se distinguen diversos grados de lejanía con respecto al tiempo de la enunciación, esto es, en un 18 % de las lenguas que constituyen la muestra. El dato está referido a la distancia en el pasado. No existe, en cambio, ninguna pista sobre cuántas lenguas indican distancia en el futuro.

Un estudio muy recomendable sobre esta cuestión es Botne (2012). Este autor señala que las lenguas que tienen tiempos remotos se concentran en tres grandes áreas: las lenguas africanas del filo níger-congo, las lenguas de Nueva Guinea Papúa del filo transguineano y las lenguas americanas del filo amerindio. Su propuesta es mantener diferenciada la indicación de distancia puramente objetiva, que se enmarcaría en una dimensión, por tanto, estrictamente *temporal*, y la indicación de distancia subjetiva. La lejanía subjetiva se llevaría a cabo en una dimensión *cognitiva*. A su modo de ver, habría que hablar de tiempos remotos únicamente en este segundo caso. Dedico los dos apartados siguientes a la diferencia recién indicada.

6.2.1. *Expresión de distancia en la dimensión temporal*

El repaso de Botne (2012) por las posibilidades que ofrecen las lenguas con formas verbales para expresar lejanía nos descubre, en primer lugar, sistemas lingüísticos que miden la distancia tomando en consideración el día como unidad básica del ciclo vital. Los modelos que pueden establecerse son cuatro:

A. Base *hodiernal*

En el primer modelo, el contraste se establece entre un intervalo *hodiernal*, que indica anterioridad o posterioridad en el día en que se produce el momento de la enunciación, y otros intervalos. Cuáles son los límites para determinar qué cuenta como hoy depende de la cultura. Típicamente, los límites los establece el amanecer o el atardecer. Los ejemplos de la Tabla XVIII están tomados de dos lenguas del filo níger-congo: el grebo, hablado en Liberia y perteneciente a la subfamilia kraví, y el kota, hablado en Gabón y perteneciente a la familia bantú. *Hesternal* es el término para un pasado que sitúa el evento en el día de ayer; *crastinal*, para un futuro que lo sitúa en el día de mañana.

grebo			kota	
-dá	P$_3$	Pasado remoto (anterior a ayer)	P$_3$	-á-. . . . .-á-sá
-dɔ́	P$_2$	Pasado herternal (ayer)	P$_2$	-á-. . . . .-á-ná
- ɛ́	P$_1$	Pasado hodiernal (antes en el día de hoy)	P$_1$	-á-mo-. . . . . . .-á
- E[46]		Presente		-á-. . . . .-á
- ɛ́	F$_1$	Futuro hodiernal (después en el día de hoy)	F$_1$	-é-. . . . .-ak-. . . -a
-á	F$_2$	Futuro crastinal (mañana)	F$_2$	-é-. . . . .-ak-. . . .-a-ná
-dɔ́	F$_3$	Futuro remoto (posterior a mañana)	F$_3$	-é-. . . . .-ak-. . . .-a-sá

Tabla xviii. *Distancia de base hodiernal*
(adaptado de Botne 2012: 537)

No todas las lenguas examinadas registran la misma simetría en el pasado y en el futuro; y hay organizaciones más simples que oponen un pasado hodiernal (P$_1$) a otros pasados, sin distinguir P$_2$ y P$_3$.

B. Base *diurnal*

Si el lector compara la etiqueta *pasado hodiernal* de la Tabla XVIII con la misma etiqueta de la Tabla XIX, comprobará que el sentido ha cambiado. En el segundo modelo las unidades de medida temporal representan ciclos de 24 horas. El ejemplo se toma esta vez del korafe, una lengua hablada en Nueva Guinea Papúa del filo transguineano.

korafe	
-teni	Pasado hodiernal (desde el amanecer del día del habla)
-ani	Pasado diurnal (después del mediodía del día anterior hasta el momento del habla)
-mutani	Pasado diurnal$_2$ (24 horas antes del pasado diurnal)
-seni	Remoto (desde hace dos días hacia un pasado muy distante)

Tabla xix. *Distancia de base diurnal*
(adaptado de Botne 2012: 539)

---

[46] Este sufijo se realiza como [i], [ɪ], [e] o [ɛ]. Botne (2012: 537) remite al trabajo de Gordon Innes (1966), *Introduction to Grebo* (Londres: SOAS, Universidad de Londres).

C. Base *biduonal*

En el tercer modelo, en una misma marca pueden subsumirse, bien los contenidos de 'antes en el día de hoy' y 'ayer', bien los de 'después en el día de hoy' y 'mañana'. El sistema tendría una base *biduonal*, de dos días. El ejemplo de la Tabla XX pertenece al cimwera, una lengua de la familia bantú hablada en Tanzania. Adviértase que el futuro tiene en cimwera más divisiones que el pasado.

cimwera			
Pasado remoto	*-a-ci-..-a*	*ci-. . . . . .-jie-..-a*	Futuro remoto
		cika-. . . .-O-..-e	Futuro post-biduonal
Pasado biduonal	*-ci-..-a*	*ci-. . . . . .-O-..-e*	Futuro biduonal

TABLA XX. *Distancia de base biduonal*
(adaptado de Botne 2012: 541)

A modo de resumen, los tres modelos anteriores quedan recogidos en la Figura IX:

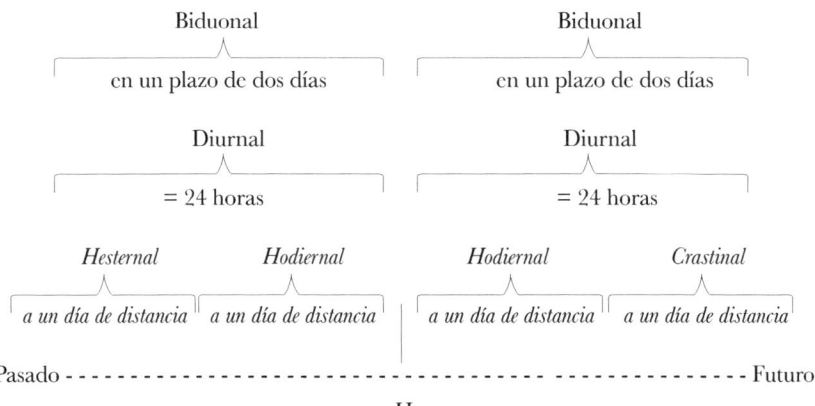

FIGURA IX. *Ciclos diarios naturales*
(adaptado de Botne 2012: 541)

D. Intervalos relevantes en el momento del habla

En el último modelo, P_1 y P_2, F_1 y F_2 pueden recibir distintas interpretaciones según cuál sea el intervalo temporal relevante en el momento del habla. Si la unidad temporal es el día, se interpretarían como 'antes en el día de hoy', 'ayer', 'después en el día de hoy', 'mañana'. Pero si la unidad es el mes o el año, por ejemplo, sus interpretaciones serían diferentes. Lo vemos en la Tabla XXI. En Botne (2012: 542-543) se ilustra este cuarto modelo con varias lenguas bantúes: el chindal, el luwanda y el lunda, habladas en Malaui, Kenia y Zambia, respectivamente.

	P_1	P_2	F_1	F_2
DÍA	'antes en el día de hoy'	'ayer'	'después en el día de hoy'	'mañana'
MES	'este mes'	'el mes pasado'	'este mes'	'el próximo mes'
AÑO	'este año'	'el año pasado'	'este año'	'el próximo año'

TABLA XXI. *Distancia según intervalos relevantes en el momento del habla*

Junto a las lenguas que miden la distancia a partir del día como unidad básica del ciclo vital, encontramos, en segundo lugar, lenguas que utilizan como parámetro la propia experiencia del hablante. Por ejemplo, las marcas de pasado remoto permiten representar un evento como anterior a la propia existencia del hablante, como mítico, o como formando parte de lo que se recuerda o no recuerda. El ejemplo de la Figura X procede del muscoguí, hablado en Oklahoma y Alabama, perteneciente a las lenguas penutíes muscóganas.

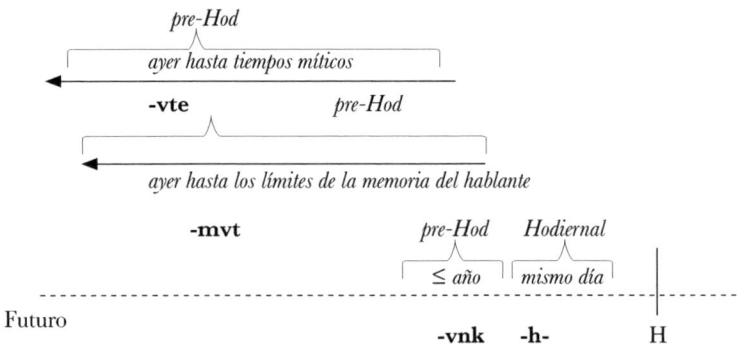

FIGURA X. *Pasados del muscoguí* (adaptado de Botne 2012: 545)

Asimismo, en el futuro la cercanía o distanciamiento son traducción, respectivamente, del mayor o menor grado de probabilidad que le atribuya el hablante a la ocurrencia del evento verbal. Los ejemplos de la Tabla XXII proceden de dos lenguas bantúes, el rugciriku, hablado en Namibia, y el kesukuma, hablado en Tanzania.

rugciriku		kesukuma
ngá-. . .-a	Futuro remoto (especulativo)	*-laá-. . .-a*
ku-. . . .-á	Fututo inmediato (cierto)	*-ko-. . .-a*

TABLA XXII. *El valor epistémico del futuro*
(adaptado de Botne 2012: 546)

6.2.2. *Expresión de distancia en la dimensión cognitiva*

Como se adelantó al comienzo del apartado 6.2, Botne (2012) propone superponer a la dimensión propiamente temporal otra cognitiva. En la primera, se encuadrarían las formas con las que se marca una mayor o menor distancia objetiva con respecto al momento del habla. En la segunda dimensión, en cambio, la distancia sería únicamente subjetiva. El autor sugiere reservar el adjetivo *remoto* para esta segunda posibilidad.

La lengua bantú basaa, hablada en la República Centroafricana, Gabón, Zaire y Camerún, nos proporciona un ejemplo. El recuadro más oscuro recoge las marcas de pasado (P), presente (Pr) y futuro (F) que se utilizan con intervalos temporales relevantes en el momento del habla; los recuadros blancos, las que se utilizan con intervalos equivalentes pero inmediatamente anteriores o posteriores al momento del habla (véase la Tabla XXI). En esta lengua hay además un tercer pasado y un tercer futuro que presentan dos comportamientos anómalos. Por un lado, y a diferencia de P_2 y F_2, pueden combinarse con la expresión temporal *len* ('hoy'). Por otro, en ciertos contextos P_2 y P_3, y F_2 y F_3 pueden usarse indistintamente. Ninguno de estos datos puede explicarse si situamos P_3 más a la izquierda en la línea temporal y F_3 más a la derecha:

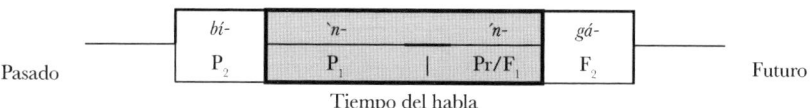

FIGURA XI. *Marcas de la dimensión temporal en basaa* (adaptado de Botne 2012: 549)

La alternativa sería situarlos en una dimensión separada. Se reflejaría así la idea de que la proximidad o lejanía no son objetivas.

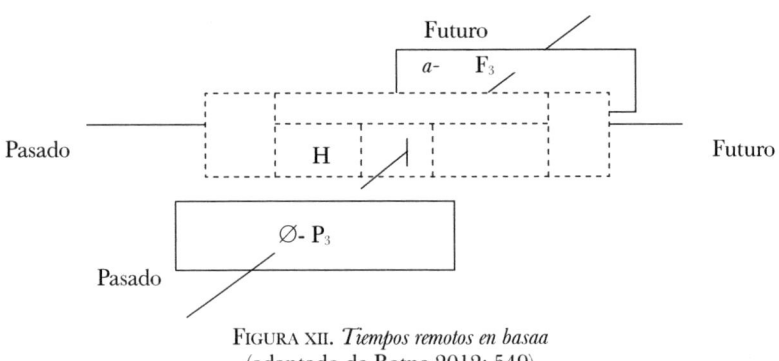

FIGURA XII. *Tiempos remotos en basaa*
(adaptado de Botne 2012: 549)

Como he señalado, las lenguas que marcan grados de distancia temporal son escasas y también lo son los datos que hay sobre ellas. Tal vez por ello no he encontrado ningún trabajo que proponga relacionar los comportamientos descritos con lo que se sabe sobre las categorías de Tiempo y Aspecto en lenguas más conocidas: ¿es posible describir los significados temporales de lenguas que marcan la distancia en términos de un pequeño número de primitivos teóricos?; ¿se puede determinar, por tanto, qué significados serían posibles y cuáles no?; ¿cómo se relacionan los contenidos temporales de estas lenguas con los aspectuales?

ACTIVIDADES

1. Sobre la naturaleza deíctica de los tiempos verbales

Considere la secuencia *Volveré dentro de veinte minutos* y los dos contextos siguientes. Después, decida cuál de las opciones de debajo es la correcta.

CONTEXTO 1: Se trata del aviso que un médico ha pegado en la puerta de su consulta. Lo leemos a las 10:00.

CONTEXTO 2: Se trata de las palabras que el médico dirige a las 10:00, justo antes de marcharse a desayunar, a los pacientes que esperan para ser atendidos.

Suponiendo que el médico es puntual: a) Es esperable que vuelva a las 10:20: i) tanto en el primer contexto como en el segundo; ii) solo en el primero; iii) solo en el segundo. −b) Puede volver antes de las 10:20 en uno de los contextos. −c) Dos de las respuestas anteriores son correctas. −d) Ninguna de las respuestas anteriores es correcta.

2. Sobre la necesaria compatibilidad entre la indicación de las formas verbales y de las expresiones temporales deícticas

Proporcione una generalización que permita dar cuenta del contraste que se advierte en (1) y (2) con respecto a la combinación de la forma verbal de presente *está* con los adverbios *ayer*, *ahora* y *mañana*:

(1)   a. *¿Dónde está mi bici *ayer*?
        b. ¿Dónde está mi bici ahora?
        c. *¿Dónde *está* mi bici *mañana*?
(2)   a. *Ayer* Juan le preguntó a su padre cuando volvió del cole: "¿Dónde está mi bici?".
        b. *Mañana* Juan le preguntará a su padre cuando vuelva del cole: "¿Dónde está mi bici?".

3. Sobre la diferencia entre los contenidos aspectuales Perfectivo e Imperfectivo

Considérense los dos contextos siguientes. Después, decida cuál de las opciones de abajo es la correcta.

CONTEXTO 1:

> A: - ¿Sabes algo de Juan?
> B: - El año pasado *estuvo* en Lisboa.

CONTEXTO 2:

> A: - ¿Sabes algo de Juan?
> B: - El año pasado *estaba* en Lisboa.

La situación consistente en estar en Lisboa: a) dura lo mismo en el contexto 1 que en el contexto 2. –b) Dura más en el contexto 1. –c) Dura más en el contexto 2. –d) Ninguna de las opciones anteriores es correcta.

4. Sobre la diferencia entre los contenidos aspectuales Perfectivo y Perfecto

Explíquese la razón del siguiente contraste:

> (1)   A las tres *volvió* la luz. Me *calenté* un café en el microondas (#media hora antes).
> (2)   A las tres ya *había vuelto* la luz. Me *calenté* un café en el microondas (media hora antes).

5. Sobre la conceptualización del futuro y del pasado en español como algo que situamos delante y detrás, respectivamente

A continuación, se proporcionan expresiones lingüísticas que desvelan que el español concibe el futuro como algo que está delante y el pasado como algo que está detrás. Intente ampliar Ud. las listas con nuevos ejemplos.

FUTURO DELANTE
La semana *siguiente*
Mira hacia *adelante*; lo mejor está *por llegar.*

PASADO DETRÁS
No mires *atrás*; lo pasado, pasado está.
No recuerdo la cita *anterior*.

6. Sobre límites del evento

El objeto directo en finés puede estar marcado con caso acusativo (*acc.*)
y con caso partitivo (*part.*). La primera marca se vincula con descripciones acotadas de la situación; la segunda, con descripciones no acotadas.
Compárense (1a) y (1b):

(1)   a. Terttu   luki   kirjaa
          T.   read   book-part.
          'T. estaba leyendo un libro.'
       b. Terttu   luki   kirjan
          T.   read   book-acc.
          'T. leyó (todo) el libro.'
          [Heinämäki (1994: 212), ejs. 7a, b]

Las formas verbales del finés no contienen morfología de Aspecto. No
obstante, las traducciones muestran que la presencia de caso partitivo en
(1a) supone no especificar si el libro se leyó: la situación se presenta como
en curso. Por el contrario, el caso acusativo permite presentar la situación
como cerrada. Se infiere, por consiguiente, que se ha alcanzado el límite
intrínseco del evento: el libro se ha leído.
    El límite intrínseco de la situación puede permanecer implícito, como
en (1b), o especificarse, como en (2):

(2)   a. Terttu   luki   kirjan   vain   puoliväliin
          T.   read   book-acc. only   half-way-to
          'T. leyó el libro solo hasta la mitad.'
       b. Terttu   luki   kirjan   loppuun
          T.   read   book-acc. end-to
          'T. leyó todo el libro.'
          [Heinämäki (1994: 213-214), ejs. 8a y 11]

Pero el caso acusativo no es compatible con expresiones que añadan,
no un límite intrínseco como en (2), sino un límite *independiente*. En (3)
vemos que estos límites independientes permiten presentar la situación
como acotada, pero el caso con que se marca el objeto es necesariamente
el partitivo.

(3)   a. Terttu   luki   kirjaa   viisi   sivua
        T.   read   book-part.   five-acc. page-part
        'T. leyó cinco páginas de un libro.'
        b. Terttu   luki   kirjaa   tunnin
        T.   read   book-part.   hour-acc.
        'T. leyó un libro durante una hora.'
        [Heinämäki (1994: 216), ejs. 18b, c]

Considerando ahora si las expresiones que se añaden en los ejemplos siguientes expresan límites intrínsecos o independientes, determine Ud. con qué caso, acusativo o partitivo, debe marcarse el objeto:

(4)   a. Ingrid kantoi   **pakketi-**   postii
        I.   carried   **package-¿?**   post-office-to
                                                        'hasta la oficina de Correos'

        b. Ingrid kantoi   **pakketi-**   tunnin
        I.   carried   **package-¿?**   hour-acc
                                                        'durante una hora'

(5)   Pidin   **kissa-**   keittiössä   koko   päivän
        I-kept   **cat-¿?**   kitchen-in   all   day-acc.
                                                 'durante todo el día'

7. Sobre la interpretación Continuativa de los tiempos compuestos

En el apartado 2.1 se apunta que el pretérito perfecto del portugués recibe de manera exclusiva interpretación Continuativa. A partir de esta premisa, explíquense los contrastes que ejemplifican los siguientes datos del portugués europeo.

(1)   a. *Tenho comido a maçã.
        'He estado comiendo la manzana.'
        b. A Maria tem fechado a janela do quarto.
        'M. ha estado cerrando la ventana de su habitación.'
        [Oliveira, Leal y Silva (2015: 41 y 47), ejs. 1d y 31]

(2)   a. O Pedro tem estado sossegado e discreto {constantemente/de modo intermitente} até agora.
        'P. ha estado callado y ha estado siendo discreto constantemente/de modo intermitente hasta ahora.'
        b. *O Pedro tem estado sossegado e discreto {constantemente/de modo intermitente} até ontem.
        'P. ha estado callado y ha estado siendo discreto constantemente/de modo intermitente hasta ayer.'
        [Oliveira, Leal y Silva (2015: 42), ejs. 2 y 3]

8. Sobre trayectorias y estados resultantes

Intente explicar el diferente juicio que nos merecen las oraciones de (1) y (2):

(1)   La camisa está {apenas ~ medio ~ casi ~ totalmente} *limpia*.
(2)   La camisa está (*{apenas ~ medio ~ casi ~ totalmente}) *cara*.

9. Sobre las interpretaciones aspectuales de las formas compuestas en combinación con expresiones temporales

Las oraciones de (1) y (2) son ambiguas. En primer lugar, sírvase de las representaciones de debajo para construir las paráfrasis de las dos posibles lecturas que puede tener cada una de ellas. En segundo lugar, pruebe a relacionar las paráfrasis con los contenidos aspectuales vistos en el capítulo 2.

(1)   John has been in Boston for two weeks.
        'J. ha estado en Boston durante dos semanas.'
(2)   John has been in Boston since Tuesday.
        'Juan ha estado en Boston desde el martes.'
        [Rathert (2012: 246), ejs. 31, 32]

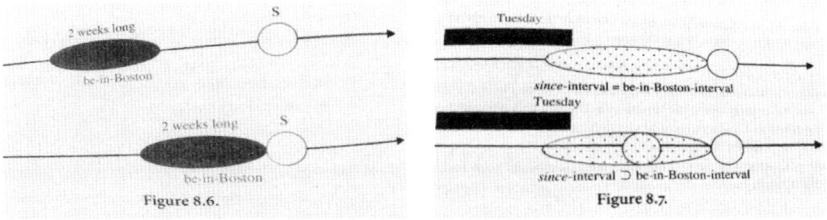

Figure 8.6.   Figure 8.7.

10. Sobre iteratividad y habitualidad

Teniendo en cuenta lo visto en el apartado 2.3.3, intente explicar el contraste entre los siguientes pares de oraciones del francés:

(1)   a. *Pendant l'année dernier, Jean visitait [IPF] sa mère onze fois.
           'Durante el año pasado, J. visitaba a su madre once veces.'
        b. Pendant l'année dernier, Jean visitait [IPF] sa mère rarement/souvent.
           'Durante el año pasado, J. visitaba a su madre rara vez/a menudo.'
           [Bertinettto y Lenci (2012: 855), ejs. 2c y 2e]
(2)   a. L'anné dernière, Luc a perdu [PF] son paraplui trois fois.
           'El año pasado, L. perdió el paraguas tres veces.'

   b. *Luc perd son paraplui trois fois.
      'L. pierde el paraguas tres veces.'
      [Bertinettto y Lenci (2012: 857), ejs. 7a y 7b]

(3)   a. Dans le passé, je me levais [IPF] tous les jours à 7 heures.
      'En el pasado, yo me levantaba todos los días a las 7.'
      b. ??Dans le passé, je me suis levè [PF] tous les jours à 7 heures.
      'En el pasado, yo me levanté todos los días a las 7.'
      [Bertinettto y Lenci (2012: 858), ejs. 8c y d]

11. Sobre requisitos de selección del contenido aspectual Perfectivo

En la lengua checa, sustantivos como *vino*, 'vino', pueden recibir tanto una lectura definida ('el vino') como una lectura indefinida ('vino'). A partir del dato siguiente, pruebe Ud. a extraer alguna conclusión sobre el contenido aspectual Perfectivo en esta lengua.

(1)   Ota vypil   vino
      Ota bebió-PERF   vino
      'O. bebió *vino/el vino.'
      [tomado de Singh (1998: 177), ej. 10]

12. Sobre el contenido aspectual Perfectivo con interpretación neutra

Con las pistas del apartado 3.2, determínese con cuántos de estos predicados la morfología Perfectiva provocaría interpretaciones neutras o partitivas en hindi: *escribir un poema, ganar una carrera, pintar un retrato, cruzar la calle, fumar un cigarrillo, borrar una dedicatoria, pelar una naranja, lavar una camisa, hacer una pregunta, oír un cuento, encontrar una llave, exprimir un limón.*

13. Sobre la paradoja Imperfectiva

Sabemos que las formas verbales Imperfectivas en combinación con predicados atélicos provocan lo que se ha dado en llamar *paradoja Imperfectiva*. Con estas formas la culminación del evento no se afirma. Esa es la razón por la que, por ejemplo, de alguien que cruzaba la calle cuando una bici lo arrolló no se puede predicar que cruzara la calle.

(1)   *Cruzaba la calle* cuando una bici lo arrolló.

Decida Ud. cuáles de las secuencias de (2) pueden considerarse también ilustración del fenómeno de la paradoja Imperfectiva.

(2)   Cuando le fueron a buscar para llevarlo al hospital, Juan
           a. *corregía exámenes.*
           b. *iba al cine.*
           c. *paseaba por el parque*
           d. *preparaba la cena.*
           e. *rellenaba la quiniela.*

14. Sobre la paradoja Perfectiva

Las formas verbales Perfectivas presentan el tiempo de la situación como incluido en el tiempo del foco. Por tanto, con ellas se afirma la culminación del evento denotado por predicados télicos, a diferencia de lo que ocurre con las formas verbales Imperfectivas. ¿Sirven tanto (1) como (2) para ilustrar esta característica del contenido aspectual Perfectivo? Razone su respuesta.

(1)   Hemos visto *Eurovisión* en casa de Juan. El año que viene toca mi casa.
(2)   Hemos visto *Breaking bad* en casa de Juan. La semana que viene toca mi casa.

15. Sobre la indicación temporal de las formas verbales no flexivas

Algunas de las oraciones siguientes son agramaticales (*), no representan la opción más natural (??) o no son aceptables en el contexto que se proporciona (#). Identifíquelas y proporcione además explicaciones que permitan dar cuenta de los contrastes.

(1)   a. Lo vimos *salir* disgustado.
           b. Vimos que *salía* disgustado.
           c. Lo vimos *haber salido* disgustado.
           d. Vimos que *había salido* disgustado.
(2)   a. {Se ofreció ~ Se ofrece ~ Se ofrecerá} a *acostar* a los niños.
           b. {Se ofreció ~ Se ofrece ~ Se ofrecerá} a *haber acostado* a los niños.
(3)   a. {Se arrepintieron ~ Se arrepienten ~ Se arrepentirán} de *romper* la
              fotografía.
           b. {Se arrepintieron ~ Se arrepienten ~ Se arrepentirán} de *haber roto*
              la fotografía.

16. Sobre la función desambiguadora de las expresiones temporales en combinación con el pretérito perfecto compuesto

Explíquense las consecuencias de añadir la expresión temporal en cursiva para la interpretación del pretérito perfecto compuesto en el español de las variedades A1 y A2:

(1)   Yo he leído unas treinta novelas de misterio.
(2)   Yo he leído unas treinta novelas de misterio *desde tu última recomendación.*

17. Sobre usos innovadores del pretérito perfecto compuesto

A partir del siguiente fragmento, tomado de RAE y ASALE (2009: §23.8ñ), trate de deducir cuál sería la interpretación del pretérito perfecto compuesto en el ejemplo del español hablado en Ecuador: "Así, cuando un hablante ecuatoriano dice, tras preguntar el precio de algo, *Ha sido caro*, expresa con el pretérito perfecto compuesto...".

18. Sobre la indicación temporal del futuro y la perífrasis <ir a +infinitivo>

Explíquese la razón del siguiente contraste:

(1)   a. No te apoyes en ese banco, se *romperá*.
           b. No te apoyes en ese banco, se *va a romper*.
(2)   a. #No te apoyes en ese banco, lo *pintarán*.
           b. No te apoyes en ese banco, lo *van a pintar*.

19. Sobre la interpretación modal o temporal del futuro

Lea Ud. el siguiente fragmento de RAE y ASALE (2009: §23.14k):

> La interpretación modal del futuro se obtiene en contextos que permiten también la temporal, lo que implica que el oyente ha de elegir entre una y otra en función de la situación. Aun así, la elección es más propia del español europeo que del americano, ya que [...] se observa una marcada tendencia en este último a sustituir el futuro sintético por el perifrástico en los usos temporales. En el español europeo se haría necesario un contexto particular para dilucidar si al futuro de *Tendrás hambre* corresponde la interpretación modal o la temporal. En el español americano sería más natural la variante *Vas a tener hambre* si se quiere decir que se dará dicha situación pasado algún tiempo.

Proporcione dos contextos para *Tendrás hambre*. En uno de ellos el futuro debe recibir interpretación temporal; en el otro, modal.

20. Sobre lecturas de doble acceso

Algunas de las oraciones siguientes son agramaticales (*), no representan la opción más natural (??) o no son aceptables en el contexto que se proporciona (#). Identifíquelas y proporcione además explicaciones que permitan dar cuenta de los contrastes.

(1)   a. Juan les contó que María *se rompió* una pierna esquiando.
        b. Juan pensó que María *se rompió* una pierna esquiando.
(2)   a. Hace un mes se enteraron de que María *está* embarazada.
        b. Hace dos años se enteraron de que María *está* embarazada.
(3)   a. María visó el lunes de que *llegará* a casa mañana.
        b. María avisó el lunes de que *llegará* a casa mañana, pero después cambió de idea.

21. Sobre información temporal en ausencia de morfología de Tiempo

De acuerdo con Lin (2012: 681), si una oración china no contiene expresiones temporales o marcadores aspectuales, su interpretación temporal es sensible a la información de Modo de Acción del predicado. A partir de las traducciones de los ejemplos siguientes, trate de extraer alguna generalización que indique cómo se conectan ambos tipos de información:

(1)   Xiaoming   hen   guai.
        Xiaoming   very   well-behaved
        'X. se comporta muy bien.'
(2)   Xiaoming   dapò   yí-ge   huaping.
        Xiaoming   break   one-CL   base
        'X. rompió un vaso.'
(3)   Xiaoming   jì   gei wo yì-zhang shengrì   hèka
        Xiaoming   mail   to me one-CL birthday card
        'X. me envió por correo una tarjeta de cumpleaños.'
(4)   Xiaoming zài   shuijiào.
        Xiaoming PROG   sleep
        'X. está durmiendo.'
        [Lin (2012: 681), ejs. 39, 41, 42, 40]

SOLUCIONARIO

ACTIVIDAD 1

- Están excluidas las respuestas *a)…-i) tanto en el primer contexto como en el segundo y a)…-ii) solo en el primero*. La razón es que, según el primer contexto, los veinte minutos para la vuelta del médico a los que se refiere el ejercicio empezarían a contar a partir del momento en que se lee el cartel. Tendrían que empezar a contar a partir del momento en que el médico coloca el aviso en la puerta de su despacho.
- La respuesta b), aunque es válida, no es la solución al ejercicio, pues hay otra situación que encaja, la descrita en *a)…-iii) solo en el segundo*.
- La respuesta d) no puede aceptarse porque no es cierto que no haya respuestas correctas.

Solución: c) Dos de las respuestas anteriores son correctas

→ a) Es esperable que vuelva a las 10:20 … iii) solo en el segundo [contexto]
→ b) Puede volver antes de las 10:20 en uno de los contextos

ACTIVIDAD 2

El presente es el tiempo con el que expresamos en español simultaneidad con el momento del habla. Es compatible con el adverbio *ahora* (1b), que comparte esta misma indicación, pero no lo es ni con *ayer* (1a) ni con *mañana* (1c) porque sus indicaciones temporales no coinciden: el primero expresa anterioridad; el segundo, posterioridad. En las oraciones de (2), la forma verbal de presente aparece en una oración subordinada sustantiva reproduciendo una secuencia de estilo directo. En este contexto sintáctico no es posible que las formas verbales orienten sus relaciones temporales con respecto al momento del habla. Lo hacen con respecto a otro eje temporal: el tiempo del evento de la oración principal. Este fenómeno recibe en la bibliografía el nombre de *concordancia de tiempos* (véase el apartado

5.1). Así las cosas, el presente de (2a) expresa simultaneidad con el tiempo pasado del evento denotado por *preguntó*; el de (2b), con el tiempo futuro del evento denotado por *preguntará*. Eso explica su compatibilidad con el adverbio *ayer* en la primera y con el adverbio *mañana* en la segunda.

Generalización: una forma verbal de presente puede ser compatible con expresiones adverbiales de pasado o de futuro si no realiza su indicación temporal de manera independiente con respecto al tiempo de la enunciación, sino que está anclada a una forma verbal de pasado o futuro, respectivamente.

ACTIVIDAD 3

Solución: d) ninguna de las opciones anteriores es correcta

→ 1B nos permite concluir que la situación consistente en estar en Lisboa se prolonga durante un año exactamente.

→ 2B nos permite concluir que la situación consistente en estar en Lisboa se prolonga durante un año al menos. El hablante no se pronuncia sobre si la situación comenzó antes ni sobre si continúa posteriormente.

ACTIVIDAD 4

→ En (1) el Aspecto hace visible el tiempo completo del evento consistente en calentar el café en el microondas: el pretérito perfecto simple es Perfectivo. Este tiempo debe seguir al tiempo del evento consistente en volver la luz. No podría ser de otra manera, puesto que los microondas son aparatos eléctricos que solo funcionan si hay luz. Esto explica la inaceptabilidad del ejemplo con la expresión temporal *media hora antes*. En cambio, (2) es aceptable. El contraste hay que atribuirlo al contenido de aspecto Perfecto del pretérito pluscuamperfecto: el tiempo del evento verbal (volver la luz) no es relevante a efectos de la deixis temporal; lo relevante es el tiempo del estado de cosas (haber luz) que sigue a ese evento. Por tanto, la anterioridad a la que fuerza la expresión temporal *media hora antes* se entablaría entre el tiempo del evento consistente en calentar el café en el microondas y un tiempo del que podemos afirmar que hay luz: el que hace explícito el SP *a las tres*.

ACTIVIDAD 5

FUTURO DELANTE

El *porvenir*
El mes *que viene*
En fechas *venideras*
Ya *llega* la primavera.
Del 15 *en adelante* tenemos vacaciones.

PASADO DETRÁS

El informe *previo*
No hay marcha *atrás.*
Agua *pasada* no mueve molino.
El verano *se ha ido.*

ACTIVIDAD 6

La expresión *postti*, 'a la oficina de correos', está especificando el límite intrínseco, un destino, de la situación denotada por *llevar el paquete*. El objeto puede portar la marca de partitivo (4a) o la de acusativo (4a'). Con esta, la situación se presenta como acotada: se ha alcanzado el límite natural; con aquella, como no acotada. La expresión *tunnin*, 'durante una hora', está especificando un límite temporal independiente, no exigido por la naturaleza del evento verbal. Es por ello por lo que la marca de partitivo se admite (4b), pero no la de acusativo (4b'). Finalmente, la expresión *koko päivän*, 'todo el día', se comporta como un límite temporal natural en relación con el evento denotado por *mantener el gato en la cocina*.

ACTIVIDAD 7

La agramaticalidad de (1a) se debe a que el evento denotado por *comer a maçã*, 'comer la manzana', no permite la interpretación de iteración del evento que se exige en portugués. Esta interpretación sí es posible con el evento denotado por *fechar a janela*, 'cerrar la ventana'. Una misma ventana puede cerrarse y abrirse una y otra vez; una misma manzana no puede comerse más que una.

La interpretación Continuativa exige que el evento estativo (o la serie de microeventos dinámicos) tenga lugar en un intervalo que se extienda hasta el momento del habla. Esto se consigue en (2a) con la expresión *até agora*, 'hasta ahora'; pero se niega explícitamente en (2b) con la expresión *ate ontem*, 'hasta ayer'. Esa es la razón de su agramaticalidad.

Actividad 8

El diferente juicio que nos merecen las oraciones de (1) y (2) se debe a la distinta naturaleza de las propiedades denotadas por los adjetivos *limpia* y *cara*. La propiedad denotada por el adjetivo *limpia* puede ponerse en relación con los estados de la estructura subeventiva del predicado télico *limpiar*. La propiedad denotada por el adjetivo *cara*, no. Por ello, solo el primero es compatible con los adverbios *apenas, medio, casi* y *totalmente*. Estas combinaciones son prueba de que con el adjetivo *limpia* podemos describir una propiedad que se predica de la entidad denotada por *la camisa* en distintos momentos de un proceso que se encamina hacia la consecución de un estado final.

Actividad 9

Paráfrasis 1a): 'J. ha estado en Boston durante dos semanas alguna vez.'
Paráfrasis 1b): 'J. lleva en Boston dos semanas.'
Paráfrasis 2a): 'J. ha estado en Boston desde el martes alguna vez.'
Paráfrasis 2b): 'J. lleva en Boston desde el martes.'

Las paráfrasis (1a) y (2a) se corresponden con la interpretación de Perfecto experiencial; las de (1b) y (2b), con la interpretación Continuativa. Adviértase que en (1a), (1b) y (2b), las expresiones temporales *for two weeks*, 'durante dos semanas' y *since Tuesday*, 'desde el martes', indican la duración del evento. En (2a), no. *Since Tuesday*, denota en (2a) el intervalo dentro del cual se sitúa el evento consistente en estar J. en Boston.

Actividad 10

(1a) es agramatical porque la expresión cuantitativa *onze fois*, 'once veces,' contribuye a delimitar la serie de microeventos que constituyen el macroevento característico del fenómeno de la pluriaccionalidad. La presentación de la serie como cerrada o delimitada es posible en la interpretación iterativa-Perfectiva, pero no en la habitual-Imperfectiva. A diferencia de *onze fois*, *rarement*, 'rara vez' o *souvent*, 'a menudo', representan cuantificación indeterminada. Esa es la razón de la gramaticalidad de (1b).

La agramaticalidad de (2b) se debe a que la lectura iterativa no se obtiene en presente. El tiempo presente no es Perfectivo. (2a) es posible porque el macroevento acotado se sitúa en el pasado.

Finalmente, (3b) es extraña porque *dans le passé*, 'en el pasado', no es una expresión que funcione adecuadamente para establecer el marco en que se inscribe la serie de microeventos cerrada de la lectura iterativa-Perfectiva. (3a) no es extraña porque *dans le passé* cumple perfectamente la función de servir como intervalo de referencia para el hábito que describe la serie de microeventos abierta de la lectura habitual-Imperfectiva.

ACTIVIDAD 11

La compatibilidad de la forma verbal Perfectiva con la interpretación definida del SN complemento apunta a que en esta lengua la morfología aspectual Perfectiva se relaciona con la indicación de culminación del evento.

ACTIVIDAD 12

La morfología Perfectiva no podría provocar interpretaciones neutras o partitivas en hindi con ninguno de estos predicados: *ganar una carrera, hacer una pregunta, encontrar una llave*. La razón es que denotan eventos télicos instantáneos (logros, en Vendler 1957). Tampoco se obtendría la lectura partitiva con estos predicados: *escribir un poema, lavar una camisa, pintar un retrato*. Todos ellos se construyen con complementos que no denotan objetos preexistentes. La interpretación neutra se obtendría, por tanto, con *fumar un cigarrillo, exprimir un limón, borrar una dedicatoria, oír un cuento, pelar una naranja, cruzar la calle*.

ACTIVIDAD 13

Son ejemplos de paradoja Imperfectiva (2b), (2d) y (2e).

ACTIVIDAD 14

El ejemplo de (1) sí, pero el de (2) quizá no. Este último podría servir para aumentar la lista de ejemplos con que se ilustra la denominada *paradoja*

Perfectiva en el apartado 3.3.2. *Breaking bad* es el nombre de una famosa serie estadounidense de sesenta y dos episodios. Se parece al ejemplo de la *Biblia*, el *Código de la circulación* y la *Constitución española* en que no se queda en casa de un amigo para ver sesenta y dos capítulos de una serie. Se diferencia, sin embargo, en que se suele tener la intención de ver la serie entera, aunque el formato de episodio a episodio retrase la consecución del propósito.

ACTIVIDAD 15

(1b): **Lo vimos* haber salido *disgustado*.

→ La interpretación de percepción física, directa o no epistémica exige que los eventos principal y subordinado se entiendan como simultáneos. Esto se consigue con el infinitivo simple en (1a), *Lo vimos salir disgustado*.

→ Si en la oración subordinada tenemos una forma verbal flexiva, es posible entender que el evento subordinado es anterior al principal: *Vimos que había salido disgustado*. Adviértase, sin embargo, que la percepción no es física, sino intelectual, epistémica. En otras palabras, la interpretación de *ver* es 'darse cuenta'.

→ La interpretación de percepción intelectual no está disponible con formas verbales flexionadas en la oración subordinada.

(2b): #{*Se ofreció ~ Se ofrece ~ Se ofrecerá*} a haber acostado *a los niños*.

→ Debido al significado del predicado *ofrecer*, el evento de la oración subordinada debe ser necesariamente posterior al evento de la oración principal. Esta es la relación que se consigue con el infinitivo simple en (2a), {*Se ofreció ~ Se ofrece ~ Se ofrecerá*} a acostar *a los niños*.

→ La forma compuesta del infinitivo nos hace entender que el evento subordinado es anterior al de la oración principal.

→ La combinación de formas verbales de (2a) sería aceptable en un contexto en que se proporcionara una expresión temporal que sitúe el evento subordinado como posterior al principal. Un ejemplo sería *El documental empezará a las 23:00, así que se ofreció a haber acostado a los niños dos horas antes*.

(3a): *??{Se arrepintieron ~ Se arrepienten ~ Se arrepentirán}* de romper *la fotografía*.

→ Debido a la presencia del predicado *arrepentirse*, el evento de la oración subordinada es necesariamente anterior al de la oración principal. Esta es la relación que se consigue con el infinitivo compuesto en (3b), {*Se arrepintieron ~ Se arrepienten ~ Se arrepentirán*} *de* haber roto *la fotografía*.

→ La forma simple del infinitivo no está excluida, pero la compuesta representa la opción más natural para la indicación de anterioridad.

Actividad 16

→ En la variedad A1, el pretérito perfecto compuesto puede interpretarse como Perfectivo continuativo y no continuativo. Es por ello por lo que expresiones como *desde tu última recomendación* cumplirían la función de distinguir ambas interpretaciones. Si están ausentes, la lectura es no continuativa; si están presentes, continuativa.

→ En la variedad A2 el pretérito perfecto compuesto únicamente admite la interpretación Perfectiva continuativa. En consecuencia, expresiones temporales como la del ejemplo son opcionales.

Actividad 17

Por influencia indígena, el pretérito perfecto compuesto desarrolla en Ecuador interpretación evidencial o mirativa. En la bibliografía se señala que la interpretación evidencial se vincula con que el hablante no transmite información obtenida de primera mano. Puesto que en el ejemplo el hablante transmite información que él mismo ha obtenido, habría que descartar la interpretación evidencial. Por tanto, podríamos estar ante la expresión de sorpresa por la subida del precio por el que el hablante pregunta.

Actividad 18

→ En (1a), el evento consistente en apoyarse alguien en ese banco se entiende como la causa del evento consistente en romperse ese mismo banco. (1a) puede interpretarse, de hecho, como una condicional encubierta: 'Si te apoyas en ese banco, se romperá'. Esta relación de causalidad *pura* es posible porque el futuro *se romperá* sitúa el evento como posterior al tiempo del habla.

→ Para algunos hablantes, (1b) tendría la lectura descrita para (1a). Pero hay otra interpretación más natural, según la cual los eventos son independientes. No existiría entonces entre las dos oraciones una relación de causalidad pura, sino *periférica*. Esto significa que el hecho de que el banco se vaya a romper se entiende como la causa de la enunciación, la razón por la que el hablante hace la advertencia. Una paráfrasis adecuada para (1b) sería: 'Te digo que no te apoyes en el banco porque se va a romper'. La relación de causalidad *pura* no es posible porque la perífrasis no sitúa en la línea temporal el evento denotado por la forma no flexiva, sino el juicio epistémico representado en el verbo auxiliar.

→ En el par de ejemplos de (2) se establece la misma relación de causalidad pura (2a) y periférica (2b). La razón de la inaceptabilidad de (2a) es extralingüística: pintar bancos no se concibe como consecuencia de apoyarse en ellos. Por el contrario, que un banco vaya a ser pintado sí es motivo para aconsejar a alguien que no se apoye en él.

ACTIVIDAD 19

(1)   *Interpretación temporal*:
        Aunque los nervios ahora te quiten el apetito, una vez que termines el examen y se te pase la angustia tendrás hambre.

(2)   *Interpretación modal*:
        ¿Solo has comido una manzana desde esta mañana?
        Pues tendrás hambre.

ACTIVIDAD 20

(1a): *??Juan les contó que María se rompió una pierna esquiando.*

→ El pretérito perfecto simple es un tiempo verbal absoluto que indica anterioridad con respecto al momento del habla.

→ El tiempo verbal indicado para la expresión de anterioridad con respecto al evento pasado de la oración principal es el pretérito pluscuamperfecto: *Juan {les contó ~pensó} que María* se había roto *una pierna esquiando*.

→ El pretérito perfecto simple no está excluido porque *contar* tolera las lecturas de doble acceso. No obstante, no resulta la opción más natural.

(1b): **Juan pensó que María* se rompió *una pierna esquiando*.

→ El pretérito perfecto simple es la opción marcada para la expresión de anterioridad con respecto al evento pasado de la oración principal. Solo es posible con verbos que toleran las lecturas de doble acceso. Es el caso de *contar*, pero no de *pensar*.

(2b): #*Hace dos años se enteraron de que María* está *embarazada*.

→ El tiempo verbal indicado para la expresión de simultaneidad con respecto al evento pasado de la oración principal es el pretérito imperfecto: {*Hace un mes* ~ *Hace dos años*} *se enteraron de que María* estaba *embarazada*.

→ El presente es un tiempo verbal absoluto que indica simultaneidad con respecto al momento del habla. Lo podemos encontrar subordinado a la forma de pretérito perfecto simple del verbo principal porque *enterarse* tolera las lecturas de doble acceso.

→ La expresión temporal *hace dos años* bloquea la lectura de doble acceso, esto es, que el embarazo de María pueda entenderse como simultáneo tanto con el evento principal como con el de la enunciación. La razón tiene que ver con nuestro conocimiento del mundo: los embarazos humanos no se prolongan durante dos años.

(3b): *María avisó el lunes de que* llegará *a casa mañana, pero después cambió de idea*.

→ El tiempo verbal indicado para la expresión de posterioridad con respecto al evento pasado de la oración principal es el condicional: *María avisó el lunes de que llegaría a casa mañana (, pero después cambió de idea)*.

→ El futuro es un tiempo verbal absoluto que indica posterioridad con respecto al momento del habla. Lo podemos encontrar subordinado a la forma de pretérito perfecto simple del verbo principal porque *avisar* tolera las lecturas de doble acceso.

→ La expresión temporal *después cambió de idea* bloquea la lectura de doble acceso, esto es, que la llegada a casa pueda entenderse como un evento posterior tanto al de la oración principal como al de la enunciación. El cambio de idea de María convierte la llegada en un mero propósito.

Actividad 21

Generalización: sin expresiones temporales ni marcadores aspectuales, los predicados estativos y los no télicos (actividades) se vinculan con el presente; los predicados télicos (realizaciones y logros), con el pasado.

BIBLIOGRAFÍA COMENTADA

La bibliografía sobre Tiempo y Aspecto es abrumadora. Afortunadamente, existen algunas obras de referencia con las que el lector puede tanto familiarizarse con las nociones fundamentales como con la manifestación de los contenidos tempo-aspectuales en muy distintas lenguas. En este grupo se incluyen Comrie (1976, 1985), Fleischman (1982), Dahl (1985, 2000), Bertinetto (1986), Binnick (1991, 2012), Declerck (1991, 2006), Smith (1991), Bache, Basbøll y Lindberg (1994), Bybee, Perkins y Pagliuca (1994), Klein (1994a, 2018), Thieroff y Ballweg (1994), Thieroff (1995), De Brabanter, Kissine y Sharifzadeh (2014), Baranzini (2017), Crellin y Jügel (2020). Para la expresión de los contenidos tempo-aspectuales en las lenguas del mundo, es muy útil consultar el *World Atlas of Language Structures* ‹https://wals.info›. Otro estudio igualmente abarcador es Haspelmath (1997), que se centra en las expresiones adverbiales de tiempo.

Finalmente, es de destacar la serie *Cahiers Chronos*, de la editorial Brill, que lleva publicados treinta y dos números monográficos desde 1996. Muchos de estos volúmenes son una selección de los trabajos presentados *en Chronos. International Conference on Actionality, Tense, Aspect, Modality/Evidentiality*.

CAPÍTULO 1

El breve artículo de Hans Reichenbach de 1947 "The tenses of verbs" y el libro de Wolfgang Klein de 1994 *Time in language* han sido decisivos en el intento de descubrir cómo se construyen y cómo se restringen los significados tempo-aspectuales de las lenguas naturales. Bello (1841) representa un acercamiento equivalente al de Reichenbach dentro del mundo hispánico. Ambos modelos se comparan en Carrasco Gutiérrez (2000). Otra propuesta clásica sobre cómo se construyen los significados temporales del español es Bull (1960). Los trabajos de Rojo (1974b, 1988,1990), Veiga (2002, 2004) y Rojo y Veiga (1999) siguen a este autor.

Los estudios en los que se destacan los aciertos y desventajas del modelo de Reichenbach son muy numerosos. Pueden consultarse, entre otros muchos, Comrie (1981), Dinsmore (1982), Vikner (1985), Declerck (1986), Acero (1990), Hornstein (1990), Carrasco Gutiérrez (1994), Vet (2007). Para la idea de que el Aspecto funciona como una condición de visibilidad, además de Klein (1994a), es necesario consultar a Smith (1991: 91).

Desde un punto de vista tipológico las categorías aspectuales más extendidas son la Perfectividad y la Imperfectividad, aunque no siempre son coincidentes las formas de definirlas. Una manera de establecer la distinción es atender a cómo se presenta la situación oracional. Desde este punto de vista, las formas verbales Perfectivas presentarían la situación oracional globalmente, como cerrada, acotada, desde fuera. Las Imperfectivas, en cambio, la presentarían parcialmente, como abierta, no acotada, desde dentro. Este enfoque se califica de *sinóptico* (*synoptic theories*) en Dickey (2000). Otra forma de establecer la distinción es atender a la función discursiva de las formas verbales Perfectivas e Imperfectivas. Uno de los modelos más extendidos es la *Teoría de Representación del Discurso* (*Discourse Representation Theory*, Kamp y Reyle 1993). Simplificando mucho, las primeras se vincularían con el avance del discurso; las segundas con el establecimiento de los escenarios temporales. Nociones importantes desde este planteamiento son las de 'definitud' o 'indefinitud temporal'. Una situación definida temporalmente ocuparía un punto o esfera conceptual de manera única, por ejemplo, por ser parte de una secuencia de situaciones, al contrario que una situación indefinida. Estas nociones se han utilizado en Dickey (2000) por abordar el sistema aspectual de las lenguas eslavas.

El pretérito imperfecto es el tiempo verbal de las lenguas románicas sobre el que más se ha escrito, probablemente. Remitimos al lector a la obra colectiva editada por García Fernández y Camus Bergareche en (2004) y a las referencias allí citadas, así como al artículo más reciente de Fábregas (2015). En la bibliografía sobre el inglés y otras lenguas germánicas, el tiempo al que más atención se ha prestado es al pretérito perfecto compuesto y, en relación con él, al contenido aspectual de Perfecto. Además de los volúmenes recomendados al comienzo de esta sección, el lector puede consultar los siguientes trabajos clásicos: Leech (1971), McCawley (1971, 1981), Comrie (1976, 1985), McCoard (1978), Dowty (1979), Heny (1982), Richards (1982), Dahl (1985), Fenn (1987), Mittwoch (1988, 1995, 2008), Binnick (1991), Declerck (1991, 2006), Vlach (1993), Klein (1994a, 2008), Michaelis (1994), Brugger (1997), Iatridou, Anagnostopoulou e Izvorski (2001), Kiparsky (2002), Katz (2003), Pancheva (2003), Portner

(2003), Rothstein (2008), Nishiyama y Koenig (2010), Ritz (2012). La revista *Catalan Journal of Linguistics* le dedicó un monográfico en 2018 (*Some issues about the perfect*, vol. 17).

Para la idea de que los tiempos verbales pueden utilizarse para atribuir enunciados a otros, véanse Chafe y Nichols (1986), Dendale y Tasmowski (2001), Squartini (2001), Leonetti y Escandell-Vidal (2003) y las referencias citadas en la tesis de Morgado Nadal (2015). Esta tesis es uno de los pocos trabajos en que se abordan los valores tempo-aspectuales secundarios de los tiempos verbales del español. Existe abundante bibliografía, en cambio, sobre los valores secundarios de los tiempos del francés. Destaco los trabajos de Berthonneau y Kleiber (1993, 1994, 1998, 1999, 2003), Le Goffic (1995), Molendijk (1996), Sthioul (1998, 2000), Gosselin (1999), Saussure y Sthioul (1999, 2005), Berthonneau (2000), Caudal y Vetters (2003), Bres (2005a, 2005b), Labeau (2005), Amenós (2010), Saussure (2010).

Para ejemplos de lenguas en que el futuro se concibe como algo que estaría detrás, a la derecha o debajo (y el pasado delante, a la izquierda o arriba) y para ejemplos de lenguas en que las relaciones temporales no tienen como eje al hablante (*egocéntricas*), sino el entorno (*geocéntricas*), el lector puede acudir a Radden (2004, 2011), Núñez y Sweetser (2006), Maul (2007), Núñez y Cooperrider (2013), Sweetser y Gabu (2017), Alcaraz-Carrión y Valenzuela (2022), Cooperrider, Slotta y Nuñez (2022). En cuanto a las conexiones entre futuro y Modalidad, son recomendables Jespersen (1924), Togeby (1953), Lyons (1977), McCawley (1981), Fleischman (1982), Enç (1996), Kratzer (1991), von Fintel (2006), Laca (2008, 2016), von Fintel y Gillies (2007), Copley (2009), Jazczolt (2009), Rivero (2014), Giannakidou y Mari (2016).

CAPÍTULO 2

Para la inclusión de los contenidos incoativo y terminativo en la categoría de Aspecto de Fase, pueden consultarse los trabajos de Dik (1997), Havu (1997), Olbertz (1998), Fernández de Castro (1999), Laca (2001, 2004), Camus (2004), Borillo (2005), RAE y ASALE (2009: §28.2d), Gosselin (2011). El lector puede leer asimismo el trabajo de Carrasco Gutiérrez (2017) para la consideración de <*estar* + gerundio> como perífrasis de Aspecto de Fase. El planteamiento de ese trabajo dista, sin embargo, del sugerido en 2.3.2 para las perífrasis incoativas y terminativas: <*estar* + gerundio> sí permitiría focalizar estados de la estructura subeventiva del proceso, en concreto, una parte de la trayectoria. Se excluirían, por tanto, los estados inicial y final, estén o no determinados léxicamente. La perífrasis progresiva no introduciría un nuevo evento, pero se comportaría como las perífrasis incoativas y terminativas por lo que respecta a su posible combinación con otros contenidos de Aspecto gramatical.

El punto de vista de que las posibilidades combinatorias que manifiestan las construcciones perifrásticas son reflejo de sus distintas posiciones sintácticas se asume en Havu (1997), Laca (2001, 2004, 2005a), Bravo, García Fernández y Krivochen (2015), García Fernández, Krivochen y Bravo (2017) y García Fernández y Krivochen (2019), entre otros.

Sobre el contenido aspectual Continuativo y las restricciones de Modo de Acción a las que están sujetas tanto las perífrasis que lo expresan como los tiempos que admiten lectura Continuativa el lector puede informarse en Bauer (1970), Morrisey (1973), Zidatiß (1978), García Fernández (2000a, 2004), Iatridou, Anagnostopoulou e Izvorski (2001), García Fernández y Martínez Atienza (2003), Camus (2004), Gómez Rubio (2022). En Bertinetto (1986: 232-233, 260-262, 418-419; 1994: 125) se utiliza la etiqueta inclusiva para este contenido; en Havu (1997: 226-229), la etiqueta persistente. En la bibliografía sobre el inglés el Continuativo (también llamado Universal) se considera uno de los valores del present perfect, junto con el resultativo o el experiencial. El lector encontrará información en las referencias que se recomiendan en el capítulo anterior.

Capítulo 3

La observación de una situación acotada no puede presentarse como coincidente con el tiempo de la enunciación se encuentra en Comrie (1976: 66-71), Dahl (1985: 80-81), Smith (1991: 110), Bybee (1994), Bybee, Perkins y Pagliuca (1994: 83), Giorgi y Pianesi (1997), Borik (2002), Michaelis (2004), Smith y Erbaugh (2005), Vanden Wyngaerd (2005), Ogihara (2007), Malchukov (2009), De Wit (2017). En muchos de estos trabajos se asume, además, que el tiempo del habla tiene carácter puntual. No es el caso de De Wit (2017: 15), a quien remito para las referencias en sentido contrario.

Los datos de las lenguas eslavas y su interpretación y análisis proceden de De Wit (2017). Esta autora asume el punto de vista frecuente en la literatura de que los afijos derivativos son aspectuales y que la oposición básica es Perfectivo frente a Imperfectivo. El lector puede encontrar este mismo punto de vista, entre otros, en Smith (1991), Klein (1994b) o Borik (2002). En Bertinetto y Delfitto (1997), se sostiene, por el contrario, que la distinción no es aspectual, sino de Modo de Acción y opone lo acotado a lo no acotado. En esta misma línea se encuentran Filip (2000), Paslawska y von Stechow (2001), Deo (2012).

Si el lector está interesado en la distribución de las formas sobrecompuestas en otras lenguas indoeuropeas y no indoeuropeas, puede acudir a Saussure y Sthioul (2012) y las referencias reunidas en este trabajo. Para un análisis comparativo de las diferencias sintácticas que se aprecian entre las lenguas románicas y germánicas con tiempos sobrecompuestos, es muy útil Poletto (2009).

Sobre realizaciones que no culminan, pueden consultarse: Tai (1984), Soh y Kuo (2005), Koenig y Chief (2008), para el chino mandarín; Koenig y Muansuwan (2000), para el tai; Park (1993), van Valin (2005), para el coreano; Ikegami (1985), Tsujimura (2003), para el japonés; Singh (1991, 1998), Altshuler (2014), para el hindí; Pederson (2008), para el tamil; Watanabe (2003), Bar-el (2005), Gerdts (2004), Matthewson (2004), Kiyota (2008), Turner (2010), Jacobs (2011), para las lenguas sélicas; Dell (1983), para el tagalo; Tatevosov e Ivanov (2009), para el ruso, carachái-balcaro, marí; Arkadiev y Letuchiy (2009) para el adigués; Kato (2014), para el birmano.

Para un estado de la cuestión que incluye distintas formas de concebir la paradoja Imperfectiva y las referencias destacadas, remito a Carrasco Gutiérrez (2017). En este mismo estudio se aborda el valor destelizador que se atribuye a la perífrasis progresiva en combinación con morfología Perfectiva. Esto es, para algunos autores no se afirmaría la culminación del evento en ejemplos como *Juan estuvo escribiendo la carta*. El lector puede encontrar información en Squartini (1998), García Fernández (2009) y Michaelis (2011).

CAPÍTULO 4

La información sobre otros tiempos compuestos es muy poco frecuente en los estudios sobre variación. Se apunta a una simplificación del paradigma temporal en el español americano (también en el del noroeste peninsular), que pasa por reemplazar las formas de pluscuamperfecto, futuro y condicional compuestos por formas verbales simples (véase Quesada Pacheco 2001: 16-17 y las referencias allí citadas).

Sobre el proceso de gramaticalización que transformaría al primitivo pretérito perfecto compuesto resultativo del latín vulgar en una forma verbal que incorpora la posibilidad de recibir interpretación Perfectiva, el lector encontrará información, además de en el trabajo clásico de Harris (1982), en Alarcos Llorach (1947 [1980]), Kuryłowicz (1965), Fleischman (1983), Bybee, Perkins y Pagliuca (1994), Schwenter (1994), Squartini y Bertinetto (2000) y Azpiazu (2019).

La teoría del presente ampliado (*extended now*, en inglés) se formula en McCoard (1978). Iatridou, Anagnostopoulou e Izvorski (2001) utilizan el término *Perfect time span*. Consúltese además Brugger (2001) sobre la regla de las 24 horas.

Para el uso y distribución de los pretéritos perfecto simple y compuesto en el español de Canarias, son muy útiles Piñero Piñero (2000) y las referencias allí citadas. Para el noroeste peninsular, véanse Monteagudo y Santamarina (1993), Viejo Fernández (1998), Rojo (2004), Pato y Heap (2008); para el centro peninsular, Schwenter (1994), Serrano (1994), Kempas (2008), Schwenter y Torres Cacoullos (2008), Holmes y Balukas (2011), Azpiazu (2013).

Existe abundante información sobre la distribución de los pretéritos perfecto compuesto y simple en Argentina, en México y en Perú. Pueden consultarse Kubarth (1992), Escobar (1997, 2012), Donni de Mirande (2003), Howe y Schwenter (2003), Kempas (2006), Rodríguez Louro (2009, 2010), Jara Yupanki (2011), Howe (2013), Araújo (2013), García Tesoro y Jang (2018). Para su distribución en Uruguay, véanse Caviglia y Malcuori (1999), Fløgstad (2016) y Henderson (2010); sobre Bolivia Laprade (1976), Stratford (1989), Mendoza (1992); y sobre Ecuador, Bustamante (1991).

Además del estudio de Pfänder y Palacios (2013), otros trabajos sobre evidencialidad del pretérito perfecto compuesto en Ecuador son Bustamante (1991), Haboud (1998), Dumont (2013). Para Perú, remito a De Granda (1994, 2002), Klee y Ocampo (1995), Escobar (1997), Sánchez (2004), García Tesoro (2015), García Tesoro y Jang (2018); para Bolivia, a Laprade (1981) y a Martín (1981).

Se pueden encontrar numerosos estudios sobre las lenguas amerindias pinchando en sus nombres en la plataforma: ‹https://www.ethnologue. com/browse/names›. Sobre las lenguas de Perú en particular es recomendable el siguiente enlace: ‹https://peru.sil.org/resources/browse/language›.

Para las formas de futuro analítica y sintética del español europeo, puede encontrarse información en Díaz Peralta (2000), Santana Marrero (2003), Osborne (2008), Porcel (2005), Blas Arroyo (2008); para México,

Durán Urrea y Gradoville (2008), Lastra y Martín Butragueño (2010); para Colombia, Orozco (2005), Méndez-Vallejo (2008); para Venezuela, Sedano (1994, 2006); para Puerto Rico, Claes y Ortiz-López (2011). Todos estos trabajos incluyen abundantes referencias con las que continuar profundizando.

Capítulo 5

El capítulo 5 es especialmente complejo por las conexiones que persigue trazar con ámbitos gramaticales sobre los que se ha escrito y discutido mucho, la Modalidad, el Modo de Acción y la Evidencialidad. Cualquier selección bibliográfica resultaría insuficiente. Esta es la razón por la que me limitaré a hacer algunas recomendaciones sobre la sintaxis del Tiempo y del Aspecto. Para todo lo demás, el lector encontrará algunas indicaciones a trabajos clásicos en el propio capítulo y podrá seguir profundizando en las cuestiones que se abordan a partir de las referencias incluidas en los estudios citados.

A la sintaxis del Tiempo y del Aspecto están dedicados el libro de 2004 en que Jacqueline Guéron y Jacqueline Lecarme recogieron las versiones actualizadas de los trabajos que se presentaron en la *Mesa redonda internacional sobre la sintaxis del Tiempo y del Aspecto* (Universidad de París 7, noviembre 2000) y dos volúmenes monográficos de revistas especializadas: el de la revista *Lingua* de 2007 (*Approaches to tense and tense construal*, vol. 117, n.º 2), editado por Karen Zagona, y el de la revista *Natural Language and Linguistic Theory* de 2014 (*About the primitives of aspect across languages*, vol. 32), editado por María J. Arche.

A continuación, incluyo una relación de trabajos en los que el lector puede encontrar propuestas detalladas sobre cómo se construyen sintácticamente los distintos contenidos de Tiempo y Aspecto: Guéron y Hoekstra (1988), Giorgi y Pianesi (1991, 1997), Guéron (1993, 2002, 2004, 2007), Stowell (1995, 1996, 2004, 2007a, 2007b, 2012), Zagona (1995, 2003, 2007), Demirdache y Uribe-Etxebarria (2000, 2002, 2004, 2007, 2014).

La Modalidad, el Modo de Acción y la Evidencialidad no son las únicas categorías gramaticales con las que interactúan el Tiempo y el Aspecto. En Comrie (1976: 84-86) se proporcionan interesantes ejemplos de lenguas que manifiestan un contraste entre formas verbales de pretérito perfecto simple y compuesto únicamente en voz pasiva.

CAPÍTULO 6

Para datos concretos y para referencias bibliográficas más específicas sobre los asuntos tratados en el capítulo, el lector puede acudir a las obras generales de Comrie (1976, 1985), Dahl (1985), Binnick (1991), Bybee, Perkins
y Pagliuca (1994), DeCaen (1995), Haspelmath *et al.* (2005) o Lin (2012).

Entre quienes defienden que habría que postular la existencia de
morfos cero subyacentes para los contenidos tempo-aspectuales que no
encuentran expresión en algunas lenguas, están Huang (1982), Li (1990),
Matthewson (2003, 2006), Jóhannsdóttir y Matthewson (2007), Sybesma
(2007). Entre quienes defienden que los contenidos temporales o aspectuales ausentes se obtendrían por medio del recurso a otras categorías
gramaticales están Déchaine (1991), Baker y Travis (1997), Bhat (1999),
Shaer (2003), Bohnemeyer y Shift (2004), Bittner (2005, 2008), Smith
y Erbaugh (2005), Lin (2006, 2010, 2012), Smith (2008), Bohnemeyer
(2009). Finalmente, Ritter y Wiltschko (2004, 2009) y Wiltschko (2014)
sostienen que las funciones del Tiempo y del Aspecto pueden asumirlas
categorías completamente diferentes.

REFERENCIAS BIBLIOGRÁFICAS

AARON, JESSI A. (2010): "Pusing the envelope: Looking beyond the variable context", *Language Variation and Change* 22, 1-36.

ACERO, JUAN JOSÉ (1990): "Las ideas de Reichenbach acerca del tiempo verbal", en Bosque (ed.) (1990), págs. 45-75.

AIKHENVALD, ALEXANDRA Y. (2004): *Evidentiality*, Oxford: Oxford University Press.

AIKHENVALD, ALEXANDRA Y. (2012): "The essence of mirativity", *Linguistic Typology* 16, 435-485.

ALARCOS LLORACH, EMILIO (1947): "Perfecto simple y compuesto en español", *Revista de Filología Española* 36, 108-139. [Cito por *Estudios de gramática funcional del español*, Madrid: Gredos, 1980, págs. 13-49]

ALCARAZ-CARRIÓN, DANIEL y JAVIER VALENZUELA (2022): "Time as space vs. time as quantity in Spanish: a co-speech gesture study", *Language and Cognition* 14/1, 1-18.

ALEXIADOU, ARTEMIS, MONIKA RATHERT y ARNIM VON STECHOW (eds.) (2003): *Perfect explorations*, Berlín: Mouton de Gruyter.

ALTSHULER, DANIEL (2014): "A typology of partitive aspectual operators", *Natural Language and Linguistic Theory* 32, 735-775.

AMBADIANG, THÉOPHILE (1993): *La morfología flexiva*, Madrid: Taurus.

AMENÓS, JOSÉ (2010): *Los tiempos del pasado del español y el francés*, Tesis Doctoral, UNED, Madrid.

ARAÚJO, LEANDRO SILVEIRA DE (2013): *O Pretérito em espanhol. Usos e valores do perfecto compuesto nas regiões dialetais argentinas*, Praça da Sé: Cultura Acadêmica.

ARKADIEV, PETER M. y ALEXANDER B. LETUCHIY (2009): "The syntax and semantics of event structure and Adyghe causatives", Manuscrito, ling-Buzz/000811.

AUSTIN, JOHN L. (1962): *How to do things with words*, Cambridge, Mass.: Harvard University Press.

AZPIAZU TORRES, SUSANA (2013): "Antepresente y pretérito en el español peninsular: revisión de la norma a partir de las evidencias empíricas", *Anuario de Estudios Filológicos* XXXVI, 19-32.

AZPIAZU TORRES, SUSANA (2019): *La composicionalidad temporal del perfecto compuesto en español. Estudio sincrónico y dialectal*, Berlín: Walter de Gruyter.

AZZOPARDI, SOPHIE y JACQUES BRES (2016): "Revisiter Reichenbach? Pour un approche sémantique systématique des temps verbaux de l'indicatif (en français)", *SHS Web of Conferences 27, 12002, Congrès Mondial de Linguistique Française-CMLF.*

BACHE, CARL, HANS BASBØLL y CARL-ERIK LINDBERG (eds.) (1994): *Tense, Aspect and Action. Empirical and theoretical contributions to language typology*, Berlín: Mouton de Gruyter.

BAKER, MARK (1985): "The mirror principle and morpho-syntactic explanation", *Linguistic Inquiry* 14, 373-415.

BAKER, MARK y LISA TRAVIS (1997): "Mood as Verbal Definiteness in a 'tenseless' language", *Natural Language Semantics* 5/3, 213-269.

BARANZINI, LAURA (ed.) (2017): *Le future dans les langues romanes*, Berna: Peter Lang.

BAR-EL, LEORA ANNE (2005): *Aspectual distinctions in skwxwú7mesh*, Tesis Doctoral, Universidad de British Columbia.

BAUER, GERO (1970): "The English 'perfect' reconsidered", *Journal of Linguistics* 6/2, 189-198.

BELLO, ANDRÉS (1841): *Análisis ideológica de los tiempos de la conjugación castellana*, en *Obras completas: Estudios gramaticales*, Caracas: Ediciones del Ministerio de Educación, 1951, Tomo 5, págs. 1-67.

BENTIVOGLIO, PAOLA y MERCEDES SEDANO (1992): "Morfosintaxis", en Alexandra Álvarez *et al.* (coords.) (1992): *El idioma español de la Venezuela actual*, Caracas, Departamento de Asuntos Públicos de Lagoven, págs. 46-70.

BENVENISTE, ÉMITE (1966): *Problèmes de linguistique générale*, París: Gallimard.

BERSCHIN, HELMUT (1975): "A propósito de la teoría de los tiempos verbales. Perfecto simple y perfecto compuesto en el español peninsular y colombiano", *Thesaurus* XXX/3, 539-556.

BERTHONNEAU, ANNE-MARIE (2000): "L'imparfait de narration dans tous ses états", en Jean-Emmanuel Tyvaert (ed.) (2000): *L'imparfait. Philologie électronique et assistance à l'interprétation des textes. Actes des Jounées Scientifiques 1999*, Presses Universitaires de Reims, págs. 73-109.

BERTHONNEAU, ANNE-MARIE y GEORGES KLEIBER (1993): "Pour une nouvelle approche de l'imparfait: l'imparfait, un temps anaphorique méronomique", *Langages* 112, 55-73.

BERTHONNEAU, ANNE-MARIE y GEORGES KLEIBER (1994): "Imparfaits de politesse: rupture ou cohesion? ", *Travaux de linguistique* 29, págs. 59-92.

BERTHONNEAU, ANNE-MARIE y GEORGES KLEIBER (1998): "Imparfait, anaphore et inférences", en Andrée Borillo, Carl Vetters y Marcel Villaume (eds.) (1998): *Variations sur la référence verbale (Cahiers Chronos 3)*, Ámsterdam: Rodopi, págs. 35-65.

BERTHONNEAU, ANNE-MARIE y GEORGES KLEIBER (1999): "Pour une réanalyse de l'imparfait de rupture dans le cadre de l'hypothèse anaphorique méronomique", *Cahiers de praxématique* 32, 119-166.

BERTHONNEAU, ANNE-MARIE y GEORGES KLEIBER (2003): "Un imparfait de plus... et le tren déraillait", en Sylvie Mellet y Marcel Villaume (eds.) (2003): *Modes de repérages temporels (Cahiers Chronos 11)*, Ámsterdam: Rodopi, págs. 1-24.

BERTINETTO, PIER MARCO (1986): *Tempo, aspetto e azione nel verbo italiano. Il sistema dell'indicativo*, Florencia: L'Accademia della Crusca.

BERTINETTO, PIER M. (1994): "Le perifrasi abituali in italiano ed in inglese", *Quaderni del Laboratorio di Linguistica* 8, págs. 32-41. [Reproducido en (1995/1996): "La perifrasi abituali in italiano ed in inglese", *Studi Orientali e linguistici*, 6, 117-133; y en (1997): *Il dominio tempo-aspettuale. Demarcazioni, intersezioni, contrasti*, Turín: Rosenberg & Sellier, cap. 9.]

BERTINETTO, PIER MARCO *et al.* (eds.) (1995a): *Temporal reference, aspect and actionality*, vol. 1: *Semantic and Syntactic Perspectives*, Turín: Rosenberg & Sellier.

BERTINETTO, PIER MARCO *et al.* (eds.) (1995b): *Temporal reference, aspect and actionality*, vol. 2: *Typological perspectives*, Turín: Rosenberg & Sellier.

BERTINETTO, PIER MARCO y DENIS DELFITTO (1997): "Aspect vs. Actionality", en Pier Marco Bertinetto (1997): *Il dominio tempo-aspettuale. Demarcazioni, intersezioni, contrasti*, Turín: Rosenberg & Sellier, cap. 2.

BERTINETTO, PIER MARCO y ALESSANDRO LENCI (2012): "Habituality, pluractionality and imperfectivity", en Binnick (ed.) (2012), págs. 852-880.

BHAT, DARBHE NARAYANA SHANKRA (1999): *The prominence of tense, aspect and mood*, Ámsterdam: John Benjamins.

BINNICK, ROBERT I. (1991): *Time and the verb. A guide to tense and aspect*, Oxford: Oxford University Press.

BINNICK, ROBERT I. (2005): "The markers of habitual aspect in English", *Journal of English Linguistics* 33, 339-369.

BINNICK, ROBERT I. (ed.) (2012): *The Oxford Handbook of Tense and Aspect*, Oxford: Oxford University Press.

BITTNER, MARIA (2005): "Future discourse in a tenseless language", *Journal of Semantics* 22, 339-388.

BITTNER, MARIA (2008): "Aspectuals universals of temporal anaphora", en Susan Rothstein (ed.) (2008): *Theoretical and crosslinguistic approaches to the semantics of aspect*, Ámsterdam: John Benjamins, págs. 349-385.

BLAS ARROYO, JOSÉ LUIS (2008): "The variable expression of future tense in Peninsular Spanish: The present (and future) of inflectional forms in the Spanish spoken in a bilingual region", *Language Variation and Change* 20, 85-126.

BOHNEMEYER, JÜRGEN (2009): "Temporal anaphora in a tenseless language: The case of Yucatec", en Wolfgang Klein y Ping Li (eds.) (2009): *The Expression of Time*, Berlín: De Gruyter, págs. 83-128.

BOHNEMEYER, JÜRGEN y MARY SWIFT (2004): "Event realization and default aspect", *Linguistics and Philosophy* 27, 263-296.

BORGONOVO, CLAUDIA y SARAH CUMMINS (2007): "Tensed modals", en Olga Fernández Soriano y Luis Eguren (eds.) (2007): *Coreference, Modality and Focus*, Ámsterdam: John Benjamins, págs. 1-18.

BORIK, OLGA (2002): *Aspect and reference time*, Tesis Doctoral, LOT dissertation series, n.º 64.

BORILLO, ANDRÉE (2005): "Peut-on identifier et caractériser les formes lexicales de l'aspect en français?", en Hava Bat-Zeev Shyldkrot y Nicole Le Querler (dirs.) (2005): *Les périphrases verbales, (Linguisticae Investigationes: Supplementa* 25), Ámsterdam: John Benjamins, págs. 67-82.

BOSQUE, IGNACIO (1980): *Sobre la negación*, Madrid: Cátedra.

BOSQUE, IGNACIO (ed.) (1990): *Tiempo y aspecto en español*, Madrid: Cátedra.

BOSQUE, IGNACIO (1996): "Por qué determinados sustantivos no son sustantivos determinados. Repaso y balance", en Ignacio Bosque (ed.) (1996): *El sustantivo sin determinación. La ausencia de determinante en la lengua española*, Madrid: Visor, 13-119.

BOSQUE, IGNACIO y VIOLETA DEMONTE (dirs.) (1999): *Gramática descriptiva de la lengua española*, Madrid: Espasa Calpe.

BOTNE, ROBERT (2012): "Remoteness Distinctions", en Binnick (ed.) (2012), págs. 536-562.

BRAVO, ANA (2008): *La perífrasis "ir a + infinitivo" en el sistema temporal y aspectual del español*, Tesis Doctoral, Universidad Complutense de Madrid.

BRAVO, ANA (2011): "Las perífrasis de inminencia en español: del aspecto a la modalidad", en Luis García Fernández y Juan Cuartero Otal (eds.) (2011): *Estudios sobre perífrasis y aspecto*, Múnich: Peniope, págs. 72-97.

BRAVO, ANA (2017): "Problemas para una definición del aspecto Prospectivo", *Moenia* 23, 419-445.

BRAVO, ANA (en prensa): "Use of the simple verbal tenses", en Ángel J. Gallego y Cristina Sánchez (eds.): *A guide to Spanish dialects: Descriptive and theoretical aspects of linguistic variation in the Hispanic world*, Oxford: Oxford University Press, cap. 34.

BRAVO, ANA, LUIS GARCÍA FERNÁNDEZ y DIEGO GABRIEL KRIVOCHEN (2017): "On auxiliary chains: auxiliaries at the syntax-semantics interface", *Borealis. An International Journal of Hispanic Linguistics* 4/2, 71-101.

BRES, JACQUES (2005a): *L'imparfait dit narratif*, París: CNRS Editions.

BRES, JACQUES (2005b): "L'imparfait: l'un et/ou le multiple? A propos des imparfaits 'narratif' et 'd'ypothèse'", en Emmanuelle Labeau y Pierre Larrivée (eds.) (2005): *Nouveaux développements de l'imparfait (Cahiers Chronos 14)*, Ámsterdam: Rodopi, págs. 1-32.

BRUGGER, GERHARD (1997): "Event time properties", *U. Penn Working Papers in Linguistics* 4/2, 51-63.

BRUGGER, GERHARD (2001): "Temporal modification, the 24-hour rule and the location of reference time", en Javier Gutiérrez-Rexach y Luis Silva-Villar (eds.) (2001): *Current issues in Spanish syntax and semantics*, Berlín: Mouton de Gruyter, págs. 243-270.

BRUYNE, JACQUES DE (1998): *Grammaire espagnole. Grammaire d'usage de l'espagnol moderne*, París: Duculot.

BULL, WILLIAM E. (1960): *Time, Tense, and the Verb. A Study in Theoretical and Applied Linguistics, with Particular Attention to Spanish*, Berkeley: University of California Press.

BUSTAMANTE, ISABEL (1991): "El presente perfecto o pretérito perfecto compuesto en español quiteño", *Lexis* 15/2, 195-231.

BYBEE, JOAN (1994): "The grammaticalization of zero. Asymmetries in tense and aspect systems", en William Pagliuca (ed.) (1994): *Perspectives on grammaticalization*, Amsterdam: John Benjamins, 235-254.

BYBEE, JOAN, REVERE PERKINS y WILLIAM PAGLIUCA (1994): *The evolution of grammar. Tense, aspect, and modality in the languages of the world*, Chicago: The University of Chicago Press.

CAMUS, BRUNO (2004): "Perífrasis verbales y expresión del aspecto en español", en García Fernández y Camus Bergareche (eds.) (2004), págs. 511-572.

CAMUS, BRUNO (2008): "El perfecto compuesto (y otros tiempos compuestos) en las lenguas románicas: formas y valores", en Carrasco Gutiérrez (ed.) (2008), págs. 65-99.

CARLSON, GREGORY NORMAN (1977): *Reference to kinds in English*, Tesis Doctoral, Universidad de Massachusetts.

CARLSON, GREGORY NORMAN (2012): "Habitual and generic aspect", en Binnick (ed.) (2012), págs. 828-851.

CARRASCO GUTIÉRREZ, ÁNGELES (1994): "Reichenbach y los tiempos verbales del español", *Dicenda* 12, págs. 69-86.

CARRASCO GUTIÉRREZ, ÁNGELES (2000): "Los sistemas temporales de Andrés Bello y Hans Reichenbach", en Christian Schmitt y Nelson Cartagena (eds.) (2000): *La gramática de Andrés Bello (1847-1997). Actas del congreso-homenaje celebrado con motivo del ciento cincuenta aniversario* de la Gramática de la Lengua Castellana destinada al uso de los americanos, Bonn: Romanistischer Verlag, págs. 319-347.

CARRASCO GUTIÉRREZ, ÁNGELES (2004): "Algunas explicaciones para la simultaneidad en las oraciones subordinadas sustantivas", en García Fernández y Camus Bergareche (eds.) (2004), págs. 407-480.

CARRASCO GUTIÉRREZ, ÁNGELES (ed.) (2008): *Tiempos compuestos y formas verbales complejas*, Madrid: Iberoamericana.

CARRASCO GUTIÉRREZ, ÁNGELES (2011): "La percepción de estados", en M. Victoria Escandell Vidal, Manuel Leonetti y Cristina Sánchez López (eds.) (2011): *60 problemas de gramática del español dedicados a Ignacio Bosque*, Madrid: Akal, págs. 198-204.

CARRASCO GUTIÉRREZ, ÁNGELES (2015): "Perfect states", *Borealis. An International Journal of Hispanic Linguistics* 4/1, 1-30.

CARRASCO GUTIÉRREZ, ÁNGELES (2017): "¿Estados progresivos?", *Moenia* 23, 367-417.

CARRASCO GUTIÉRREZ, ÁNGELES (2018): "On perfect(ive) morphology above and below modals. The h-ident hypothesis", *Catalan Journal of Linguistics* 17, 77-116.

CARTAGENA, NELSON (1999): "Los tiempos compuestos", en Bosque y Demonte (dirs.) (1999), págs. 2935-2976.

CAUDAL, PATRICK y CARL VETTERS (2003): "Un point de vue éliptique sur l'imparfait narratif ", en Jacqueline Guéron y Liliane Tasmowski (coord.) (2003):

Temps et point de vue. Tense and point of view, París: Université de Paris X-Nanterre, págs. 103-133.

CAVIGLIA, SERRANA y MARISA MALCUORI (1999): "Perfecto compuesto: deíctico de la enunciación. Consecuencias en el uso de Montevideo", *Actas del VIII Congreso Internacional de la Asociación de Lingüística y Filología de la América Latina*, págs. 264-267.

CHAFE, WALLACE y JOHANNA NICHOLS (eds.) (1986): *Evidentiality: The Linguistic Coding of Epistemology*, Norwood, New Jersey: Ablex.

CINQUE, GUGLIELMO (1999): *Adverbs and functional heads. A cross-linguistic perspective*, Oxford: Oxford University Press.

CLAES, JEROEN y LUIS ORTIZ-LÓPEZ (2011): "Restricciones pragmáticas y sociales en la expresión de futuridad en el español de Puerto Rico", *Spanish in context* 8, 50-72.

COMPANY, CONCEPCIÓN (2006): "Los futuros y condicionales", *Sintaxis histórica del español*, México DF: UNAM, págs. 349-418.

COMRIE, BERNARD (1976): *Aspect. An introduction to the study of verbal aspect and related problems*, Cambridge, Mass.: Cambridge University Press.

COMRIE, BERNARD (1981): "On Reichenbach's Approach to Tense", *Chicago Linguistic Society* 17, 24-30.

COMRIE, BERNARD (1985): *Tense*, Cambridge, Mass.: Cambridge University Press.

COOPERRIDER, KENSY, JAMES SLOTTA y RAFAEL NÚÑEZ (2022): "The ups and downs of space and time: topography in Yupno language, culture, and cognition", *Language and Cognition* 14/1, 131-159.

COPLEY, BRIDGET LYNN (2009): *The semantics of the future*, Londres: Routledge.

COPLEY, BRIDGET y PHILLIP WOLFF (2014): "Theories of causation should inform linguistic theory and vice versa", en Bridget Copley y Fabienne Martin (eds.) (2014): *Causation in grammatical structures*, Oxford: Oxford University Press, págs. 11-57.

CRELLIN, ROBERT y THOMAS JÜGEL (eds.) (2020): *Perfects in Indo-European languages and beyond*, Ámsterdam: John Benjamins.

DAHL, ÖSTEN (1985): *Tense and Aspect Systems*, Oxford: Basil Blackwell.

DAHL, ÖSTEN (2000) (ed.): *Tense and Aspect in the languages of Europe*, Berlín: Mouton de Gruyter.

DAHL, ÖSTEN (2006): "Future tense and future time reference", en Keith Brown (ed.) (2006): *Encyclopedia of Language and Linguistics*, Boston: Elsevier, págs. 704-706.

DAHL, ÖSTEN (2021): "'Universal' reading of perfects and iamitives in typological perspective", en Kristin Melum Eide y Marc Fryd (eds.) (2021): *The perfect volume. Papers on the perfect*, Ámsterdam: John Benjamins, págs. 43-63.

DAHL, ÖSTEN (2022): "Perfects across languages", *Annual Review of Linguistics* 8, 279-297.

DAHL, ÖSTEN y VIVEKA VELUPILLAI (2005): "65-68. Tense and Aspect", en Martin Haspelmath *et al.* (eds.) (2005): *The World Atlas of Language Structures*, Oxford: Oxford University Press, págs. 266-281.

DAHL, ÖSTEN y BERNHARD WÄLCHLI (2016): "Perfects and iamitives: two gram types in one grammatical space", *Letras de Hoje* 51/3, págs. 325-348.

DE BRABANTER, PHILIPPE, MIKHAIL KISSINE y SAGHIE SHARIFZADEH (2014): *Future time, future tenses*, Oxford: Oxford University Press.

DE GRANDA, GERMAN (1994): "Dos procesos de transferencia gramatical de lenguas amerindias (Quechua/Aru y Guaraní) al español andino y al español paraguayo. Los elementos validadores", en German De Granda (ed.) (1994): *Español de América, español de África y hablas criollas hispánicas. Cambios, contactos y contextos*, Madrid: Gredos, págs. 175-190.

DE GRANDA, GERMAN (2002): "El sistema de elementos gramaticales evidenciales o validadores en quechua-Aru y guaraní paraguayo. Estudio comparativo", en Germán De Granda (ed.) (2002): *Lingüística de contacto. Español y quechua en el área andina suramericana*, Valladolid: Universidad de Valladolid, págs. 255-269.

DE WIT, ASTRID (2017): *The Present Perfective Paradox across Languages*, Oxford: Oxford University Press.

DECAEN, VINCENT (1995): "Tenseless languages in light of an aspectual parameter for universal grammar: a preliminary cross-linguistic survey", *Toronto Working Papers in Linguistics* 14/2, 41-81.

DÉCHAIENE, ROSE MARIE (1991): "Bare sentences", en Steven Moore y Adam. Z. Wyner (eds.) (1991): *Proceedings from SALT I, Cornell Working Papers in Linguistics* 10, Cornell University, págs. 31-50.

DECLERCK, RENAAT (1986): "From Reichenbach (1947) to Comrie (1985) and beyond", *Lingua* 70, 305-366.

DECLERCK, RENAAT (1991): *Tense in English. Its structure and use in discourse*, Londres: Routledge.

DECLERCK, RENAAT (2006): *The grammar of the English verb phrase*, vol. 1: *The grammar of the English tense system. A comprehensive analysis*, en colaboración con Susan Reed y Bert Cappelle, Berlín: Mouton de Gruyter.

DELANCEY, SCOTT (1997): "Mirativity: The grammatical marking of unexpected information", *Linguistic Typology* 1, 33-52.

DELANCEY, SCOTT (2001): "The mirative and evidentiality", *Journal of Pragmatics* 3, 371-384.

DELANCEY, SCOTT (2012): "Still mirative after all these years", *Linguistic Typology* 16, 529-564.

DELL, FRANÇOIS (1983): "An aspectual distinction in Tagalog", *Oceanic Linguistics* 22 1/2, 175–206.

DEMELLO, GEORGE (1994): "Pretérito compuesto para indicar acción con límite en el pasado: *Ayer he visto a Juan*", *Boletín de la Real Academia Española* 74, 611-633.

DEMIRDACHE, HAMIDA y FABIENNE MARTIN (2015): "Agent control over non culminating events", en Elisa Barrajón López, José Luis Cifuentes Honrubia y Susana Rodríguez Rosique (coords.) (2015): *Verb classes and aspect*, Ámsterdam: John Benjamins, págs. 185-217.

DEMIRDACHE, HAMIDA y MIRIAM URIBE-ETXEBARRIA (2000): "The primitives of temporal relations", en Roger Martin, David Michaels y Juan Uriagereka (eds.) (2000): *Step by Step: Essays on Minimalist Syntax in Honor of Howard Lasnik*, Cambridge, Mass.: The MIT Press, págs 157-186.

DEMIRDACHE, HAMIDA y MIRIAM URIBE-ETXEBARRIA (2002): "La grammaire des prédicats spatio-temporels: temps, aspect et adverbes de temps", en Brenda Laca (ed.) (2002), págs.125-176.

DEMIRDACHE, HAMIDA y MIRIAM URIBE-ETXEBARRIA (2004): "The syntax of time adverbs", en Guéron y Lecarme (eds.) (2004), págs. 217-234.

DEMIRDACHE, HAMIDA y MIRIAM URIBE-ETXEBARRIA (2007): "The syntax of time arguments", *Lingua* 117/2, 330-366.

DEMIRDACHE, HAMIDA y MIRIAM URIBE-ETXEBARRIA (2014): "Aspect and temporal anaphora", *Natural Language and Linguistic Theory* 32, 855-895.

DENDALE, PATRICK y LILIANE TASMOWSKI (2001): "Introduction: Evidentiality and related notions", *Journal of Pragmatics* 33/3, 339-348.

DEO, ASHWINI (2012): "Morplology", en Binnick (ed.) (2012), págs. 155-183.

DÍAZ PERALTA, MARINA (2000): *La expresión de futuro en el español de Las Palmas de Gran Canaria*, Cabildo Insular de Gran Canaria.

Diccionario de perífrasis verbales = García Fernández, Luis (dir.) (2006), Madrid: Gredos.

DICKEY, STEPHEN M. (2000): *Parameters of Slavic aspect: a cognitive approach*, Stanford, California: CSLI Publications.

DIESING, DORIS (1992): *Indefinites*, Cambridge, Mass.: The MIT Press.

DIK, SIMON C. (1997): *The theory of functional grammar*, parte 1: *The structure of the clause*, editado por Kees Hengeveld, Berlín: Mouton de Gruyter.

DINSMORE, JOHN (1982): "The semantic nature of Reichenbach's tense system", *Glossa* 16/2, 216-239.

DONNI DE MIRANDE, NÉLIDA ESTHER (2003): "El sistema verbal del español en la Argentina", en Pilar García Mouton (ed.) (2003): *El español de América*, Madrid: Gredos, págs. 401-416.

DOWTY, DAVID (1977): "Toward a semantic analysis of verb aspect and the English 'imperfective' progressive", *Linguistics and Philosophy* 1/1, 45-77.

DOWTY, DAVID (1979): *Word meaning in Montague grammar. The semantics of verbs and times in generative semantics and in Montague's PTQ*, Dordrecht: Foris.

DUMONT, JENNY (2013): "Another look at the present perfect in an Andean variety of Spanish: Grammaticalization and evidentiality in Quiteño Spanish", en Jennifer Cabrelli Amaro (ed.) (2013): *Selected proceedings of the 16th Hispanic Linguistics Symposium*, Somerville, Mass.: Cascadilla Proceedings Project, págs. 279-291.

DURÁN URREA, EVELYN y MICHAEL GRADOVILLE (2008): "De la futuridad a la epistemicidad: la situación actual del tiempo futuro en el español de Nuevo México", en Rosa María Ortiz Ciscomani (ed.) (2008): *Memorias del IX Encuentro Internacional de Lingüística en el Noroeste*, vol. 2, Hermosillo, México: Editorial Unison, págs. 131-49.

ENÇ, MURVET (1987): "Anchoring conditions for tense", *Linguistic Inquiry* 18/4, 633-657.

ENÇ, MURVET (1996): "Tense and Modality", en Shalom Lappin (ed.) (1996): *The Handbook of contemporary semantic theory*, Oxford: Blackwell, págs. 345-358.

ERNOUT, ALFRED y FRANÇOIS THOMAS (1951): *Syntaxe latine*, París: Klincksieck, 1972, segunda edición.

ESCANDELL VIDAL, VICTORIA (2010): "Futuro y evidencialidad", *Anuario de Lingüística Hispánica* 26, 9-34.

ESCANDELL VIDAL, VICTORIA (2014): "Evidential futures: The case of Spanish", en Philippe De Brabanter, Mikhail Kissine y Saghie Sharifzadeh (eds.) (2014): *Future times, future tenses*, Oxford: Oxford University Press, págs. 219-246.

ESCANDELL-VIDAL, VICTORIA (2018): "El futuro simple del español. Sistema natural frente a usos cultivados", *Verba hispánica* 26, 15-33.

ESCANDELL-VIDAL, VICTORIA (en prensa): "Visiones del futuro. Sobre la representación lingüística del porvenir", en Karina Fascinetto Zago y Karen Miladys Cárdenas Almanza (eds.): *Tópicos en Lingüística. Pragmática*, Puebla: BUAP.

ESCANDELL-VIDAL, VICTORIA y MANUEL LEONETTI (2000): "Categorías funcionales y semántica procedimental", en Marcos Martínez Hernández *et al.* (coords.) (2000): *Cien años de investigación semántica: de Michel Bréal a la actualidad*, Madrid: Castalia, vol. 1, págs. 363-378.

ESCANDELL-VIDAL, VICTORIA y MANUEL LEONETTI (2019): "Futuro y miratividad. Anatomía de una relación", en Antonio Briz Gómez *et al.* (coords.) (2019): *Estudios lingüísticos en homenaje a Emilio Ridruejo*, Valencia: Publicacions de la Universitat de València, págs. 385-402.

ESCANDELL-VIDAL, VICTORIA y MANUEL LEONETTI (2021): "Spanish 'mirative future'", en Andreas Trotzke y Xavier Villalba (eds.) (2021): *Expressive meaning across linguistic levels and frameworks*, Oxford: Oxford University Press, págs. 167-190.

ESCOBAR, ANNA MARÍA (1997): "Contrastive and innovative uses of the present perfect and the preterite in Spanish in contact with Quechua", *Hispania* 80/4, 859-870.

ESCOBAR, ANNA MARÍA (2012): "Spanish in contact with Amerindian languages", en José Ignacio Hualde, Antxon Olarrea y Erin O'Rourke (ed.) (2012): *The handbook of Hispanic linguistics*, Oxford: Blackwell, págs. 65-88.

FÁBREGAS, ANTONIO (2015): "Imperfecto and indefinido in Spanish: what, where and how", *Borealis. An International Journal of Hispanic Linguistics* 4/2, 1-70.

FALAUS, ANAMARIA y BRENDA LACA (2014): "Les formes de l'incertidumbre. Le futur de conjecture en espagnol et le présomptif futur en roumain", *Revue de Linguistique Romane* 78, 313-366.

FELSER, CLAUDIA (1999): *Verbal complement clauses. A minimalist study of direct perception construction*, Ámsterdam: John Benjamins.

FENN, PETER (1987): *A semantic and pragmatic examination of the English perfect*, Tubinga: Narr.

FERNÁNDEZ DE CASTRO, FÉLIX (1999): *Las perífrasis verbales en el español actual*, Madrid: Gredos.

FERNÁNDEZ RAMÍREZ, SALVADOR (1951): *Gramática española. 4. El verbo y la oración*, volumen ordenado y completado por Ignacio Bosque, Madrid: Arco-Libros, 1986.

FILIP, HANA (2000): "The quantization puzzle", en James Pustejovsky y Carol Tenny (eds.) (2000): *Events as grammatical objects, from the combined perspectives of lexical semantics, logical semantics and syntax*, Stanford, California: CSLI Press, págs. 3-60.

VON FINTEL, KAI (2006): "Modality and language", en Donald M. Borchert (ed.) (2006): *Encyclopedia of Philosophy*, Detroit: Thomson Gale, págs. 20-27.

VON FINTEL, KAI y ANTHONY S. GILLIES (2007): "An opinionated guide to epistemic modality", en Tamar Szabó Gendler y John Hawthorne, (eds.) (2007): *Oxford studies in epistemology*, Oxford: Oxford University Press, vol. 2, 32-62.

FLEISCHMAN, SUZANNE (1982): *The Future in Thought and Language: Diachronic Evidence from Romance*, Cambridge: Cambridge University Press.

FLEISCHMAN, SUZANNE (1983): "From pragmatics to grammar: Diachronic reflections on complex pasts and futures in Romance", *Lingua* 60, 183-214.

FLØGSTAD, GURO NORE (2016): *Preterit expansion and perfect demise in Porteño Spanish and beyond*, Leiden: Brill.

FORTUIN, EGBERT (2019): "Universality and language-dependency of tense and aspect: Performatives from a crosslinguistic perspective", *Linguistic Typology* 23/1, 1-58.

FREED, ALICE (1979): *The Semantics of Aspectual Verb Complementation*, Dordrecht: Reidel.

GABY, ALICE y EVE SWEETSER (2017): "Space-Time mappings beyong language", en Barbara Dancygier (ed.) (2017): *The Cambridge handbook of cognitive linguistics*, parte VI: *Concepts and approaches: Space and time*, Cambridge: Cambridge University Press, capítulo 39.

GARCÍA FERNÁNDEZ, LUIS (1998): *El aspecto gramatical en la conjugación*, Madrid: Arco-Libros.

GARCÍA FERNÁNDEZ, LUIS (2000a): "El Perfecto continuativo", *Verba* 27, 343-358.

GARCÍA FERNÁNDEZ, LUIS (2000b): *La gramática de los complementos temporales*, Madrid: Visor.

GARCÍA FERNÁNDEZ, LUIS (2004): "Aspecto y estructura subeventiva en las formas compuestas del verbo", *Cuadernos de Lingüística del Instituto Ortega y Gasset* 11, 43-59.

GARCÍA FERNÁNDEZ, LUIS (2006): "A stativistic theory of lexical aspect and its impact on grammatical aspect", en Laura Brugè (ed.) (2006): *Studies in Spanish syntax*, Venecia: Università Ca' Foscari, págs. 61-103.

GARCÍA FERNÁNDEZ, LUIS (2008): "Pretérito pluscuamperfecto y pretérito anterior", en Carrasco Gutiérrez (ed.) (2008), págs. 359-400.

GARCÍA FERNÁNDEZ, LUIS (2009): "Semántica y sintaxis de la perífrasis <*estar* + gerundio>", *Moenia* 15, 245-274.

GARCÍA FERNÁNDEZ, LUIS y BRUNO CAMUS (eds.) (2004): *El imperfecto*, Madrid: Gredos.

García Fernández, Luis y María Martínez-Atienza (2003): "La expresión de los eventos inconclusos en español", *Revista Española de Lingüística* 33/1, págs. 29-67.

García Fernández, Luis, Diego Gabriel Krivochen y Ana Bravo (2017): "Aspectos de la semántica y sintaxis de las cadenas de verbos auxiliares en español", *Moenia* 23, 1-28.

García Fernández, Luis y Diego Gabriel Krivochen (2019): *Las perífrasis verbales en contraste*, Madrid: Arco-Libros.

García Tesoro, Ana Isabel (2015): "Valores emergentes del pretérito pluscuamperfecto en el español andino hablado en Chinchero (Cuzco)", *Boletín de Filología* 50/2, 51-75.

García Tesoro Ana Isabel y Ji Son Jang (2018): "El pretérito perfecto compuesto en el español andino peruano: usos innovadores y extensión a contextos de aoristo", *Forma y función* 32/1, 93-123.

Gerdts, Donna B. (2004): "Combinatory conditions on Halkomelem causatives", *Linguistics* 42/4, 767-789,

Giannakidou, Anastasia y Alda Mari (2016): "Epistemic future and epistemic MUST: nonveridicality, evidence, and partial knowledge", en Joanna Blaszczak *et al.* (eds.) (2016): *Mood, aspect, modality revisited. New answers to old questions*, Chicago: The University of Chicago Press, cap. 3.

Giorgi, Alessandra y Fabio Pianesi (1991): "Toward a syntax of temporal representations", *Probus 3/2*, 187-213.

Giorgi, Alessandra y Fabio Pianesi (1995): "From semantics to morphosyntax: the case of the imperfect", en Bertinetto *et al.* (eds.) (1995a), págs. 341-363.

Giorgi, Alessandra y Fabio Pianesi (1997): *Tense and Aspect. From Semantics to Morphosyntax*, Oxford: Oxford University Press.

Gómez Rubio, Joshua (2022): *Predicación, gramaticalización y perífrasis verbales*, Tesis Doctoral, UCM.

González, Paz, Margarita Jara Yupanqui y Carmen Kleinherenbrink (2018): "The microvariation of the Spanish perfect in three varieties", *Isogloss* 4/1, 115-133.

Gosselin, Laurent (1999): "La cohérence temporelle: constraintes linguisques et pragmatico-référentielles", *Travaux de linguistiques* 39, 11-36.

Gosselin, Laurent (2011): "L'aspect de phase en français: le rôle des périphrases verbales", *French Language Studies* 21, 149-171.

Guéron, Jacqueline (1993): "Sur la syntaxe du temps", *Langue Française* 100, págs. 102-122.

Guéron, Jacqueline (2002) : "Sur la syntaxe de l'aspect", en Brenda Laca (éd.) (2002), págs. 99-121.

Guéron, Jacqueline (2004): "Tense construal and the argument structure of auxiliaries", en Jacqueline Guéron y Jacqueline Lecarme (eds) (2004): *Time and Modality*, Dordrecht: Springer, págs. 299-328.

Guéron, Jacqueline (2007): "On tense and aspect", *Lingua* 117/2, 367-391.

Guéron, Jacqueline (2015): "Perfect parameters", *Semantics-Syntax Interface* 2/2, 92-114.

GUÉRON, JACQUELINE y TEUN HOEKSTRA (1988): "T-chains and the constituent structure of auxiliaries", en Anna Cardinaletti y Guglielmo Cinque (eds.) (1988): *Constituent Structure*, Foris: Dordrecht, págs. 35-99.

GUÉRON, JACQUELINE y JACQUELINE LECARME (eds.) (2004): *The syntax of time*, Cambridge, Mass.: The MIT Press.

HAAN, FERDINAND DE (2012): "Evidentiality and mirativity", en Binnick (ed.) (2012), págs. 1020-1046.

HABOUD, MARLEEN (1998): *Quichua y castellano en los Andes ecuatorianos: los efectos de un contacto prolongado*, Quito: Ediciones Abya-Yala.

HARRIS, MARTIN (1982): "The 'past simple' and 'present perfect' in Romance", en Nigel Vincent y Martin Harris (eds.) (1982): *Studies in the Romance verb*, Londres: Croom Helm, págs. 42-70.

HASPELMATH, MARTIN (1997): *From space to time. Temporal adverbials in the world's languages*, Múnich: Lincom Europa.

HASPELMATH, MARTIN et al. (eds.) (2005): *The World Atlas of Language Structures*, Oxford: Oxford University Press.

HAVU, JUKKA (1997): *La constitución temporal del sintagma verbal en el español moderna*, Academia Scientarum Fennica.

HAVU, JUKKA (2009): "La perífrasis 'acabar de + inf': ¿una expresión resultativa o un pasado reciente?", *Actas del II Congreso de Hispanistas y Lusitanistas Nórdicos* (Estocolmo, 25-27 de octubre de 2007), Instituto Cervantes/Universidad de Estocolmo, págs. 197-204.

HEDIN, EVA (2000): "The type-referring function of the imperfective", en Östen Dahl (ed.) (2000): *Tense and aspect in the languages of Europe*, Berlín: Mouton de Gruyter, págs. 227-264.

HEINÄMÄKI, ORVOKKI (1994): "Aspect as boundedness in Finnish", en Carl Bache, Hans Basbøll y Carl-Erik Lindberg (eds.) (1994): *Tense, Aspect and Action: Empirical and Theoretical Contributions to Language Typology*, Berlín: Mouton de Gruyter, págs. 207-233.

HENDERSON, CARLOS (2010): *El pretérito perfecto compuesto del español de Chile, Paraguay y Uruguay*, Universidad de Estocolmo.

HENY, FRANK (1982): "Tense, aspect and time adverbials", *Linguistics and Philosophy* 5, 109-154.

HERNÁNDEZ, JOSÉ ESTEBAN (2004): *Present perfect variation and grammaticization in Salvadoran Spanish*, Tesis Doctoral, Universidad de Nuevo México, Albuquerque.

HERNÁNDEZ, JOSÉ ESTEBAN (2008): "Present perfect semantics and usage in Salvadoran Spanish", *Revista Internacional de Lingüística Iberoamericana* 6, 2/12, 115-137.

HOLMES, BONNIE C. y COLLEEN BALUKA (2011): "Yesterday, all my troubles have seemed (PP) so far away: variation in pre-hodiernal perfective expression in Peninsular Spanish", en Jim Michnowicz y Robin Dodsworth (ed.) (2011): *Selected proceedings of the 5th workshop on Spanish sociolinguistics*, Somerville, Mass.: Cascadilla Proceedings Project, págs. 79-89.

HORNSTEIN, NORBERT (1990): *As time goes by: Tense and universal grammar*, Cambridge, Mass.: The MIT Press.

HOWE, CHAD (2013): *The Spanish perfects. Pathways of emergent meaning*, Hampshire: Palgrave Macmillan.

HOWE, CHAD y SCOTT SCHWENTER (2003): "Present perfect for preterite across Spanish dialects", *University of Pennsylvania Working Papers in Linguistics* 9/2, 61-75.

HUANG, CHENG-TEH JAMES (1982): *Logical Relations in Chinese and the theory of Grammar*, Nueva York: Garland.

HURTADO GONZÁLEZ, SILVIA (2009): "Las formas verbales de pasado de indicativo. El perfecto simple y el perfecto compuesto", en César Hernández Alonso (ed.) (2009): *Estudios lingüísticos del español hablado en América*, vol. 2: *El sintagma verbal*, Madrid: Visor, págs. 183-215.

IATRIDOU, SABINE, ELENA ANAGNOSTOPOULOU y ROUMYANA IZVORSKI (2001): "Observations about the form and meaning of the perfect", en Michael Kenstowicz (ed.) (2001): *Ken Hale. A life in language*, Cambridge, Mass.: The MIT Press, págs. 189-238. [Reproducido en Alexiadou, Rathert y Arnim von Stechow (eds.) (2003), págs. 153-204]

IKEGAMI, YOSHIHIKO (1985): "'Activity'- 'accomplishment'- 'achievement'- a language that can't say 'I burned it but it did not burn' and one that can", en Adam Makkai y Alan K. Melby (eds.) (1985): *Linguistics and Philosophy: Essays in Honor of Rulon S. Wells*, Ámsterdam: John Benjamins, 265-304.

ILARI, RODOLFO, M. FÁTIMA OLIVEIRA y RENATO M. BASSO (2019): "Tense and aspect. A survey", en W. Leo Wetzels, Sergio Menuzzi y João Costa (eds.) (2019): *The handbook of Portuguese linguistics*, Malden:Willey-Blackwell, cap. 21.

JACOBS, PETER (2011): *Control in Skwxwú7mesh*, Tesis Doctoral, The University of British Columbia.

JARA YUPANQUI e ILEANA MARGARITA (2011): "Funciones discursivas y gramaticalización del perfecto perfecto compuesto en el español de Lima", *Spanish in Context* 8/1, 95-118.

JASZCZOLT, KASIA M. (2009): *Representing time: An essay on temporality as modality*, Oxford: Oxford University Press.

JESPERSEN, OTTO (1924): *The philosophy of grammar*, Chicago: The University of Chicago Press.

JÓHANNSDÓTTIR, KRISTÍN M. y LISA MATTHEWSON (2007): "Zero-marked tense: The case of Gitxsan", en Emily Elfner y Martin Walkow (eds.) (2007): *NELS 37: Proceedings of the 37th Annual Meeting of the North East Linguistics Association*, vol. 1, Amherst: Graduate Linguistics Student Association, págs. 269-310.

KAMP, HANS (1979): "Events, instants and temporal reference", en Rainer Bäuerle, Urs Egli y Arnim von Stechow (eds.) (1979): *Semantics from different points of view*, Berlín: Springer, págs. 376-418.

KAMP, HANS y UWE REYLE (1993): *From discourse to logic: An introduction to model-theoretic semantics of natural language, formal logic, and discourse representation theory*, Dordrecht: Kluwer.

KATO, ATSUHIKO (2014): "Event cancellation in Burmese", comunicación presentada en el *24th Meeting of the Southeast Asian Linguistics Society* (28-31 de mayo, Universidad de Yangon, Myanmar). [http://jseals.org/seals24/kato2014eventD.pdf]

KATZ, GRAHAM (2003): "On the stativity of the English perfect", en Alexiadou, Rathert y von Stechow (eds.) (2003), págs. 205-234.

KEMPAS, ILPO (2006): *Estudio sobre el uso del pretérito perfecto prehodiernal en el español peninsular y en comparación con la variedad del español argentino hablada en Santiago del Estero*, Tesis Doctoral, Universidad de Helsinki.

KEMPAS, ILPO (2008): "El pretérito perfecto compuesto y los contextos prehodiernales", en Carrasco Gutiérrez (ed.) (2008), págs. 231-273.

KIPARSKY, PAUL (2002): "Event and the perfect", en David I. Beaver *et al.* (eds.) (2002): *The construction of meaning*, Stanford, California: CSLI Publications, págs. 113-136.

KIYOTA, MASARU (2008): *Situation Aspect and Viewpoint Aspect: From Salish to Japanese*, Tesis Doctoral, The University of British Columbia.

KLEE, CAROL A. y ALICIA OCAMPO (1995): "The expression of past reference in Spanish narratives of Spanish-Quechua bilingual speakers", en Carmen Silva-Corvalán (ed.) (1995): *Spanish in four continents: Studies in language contact and bilingualism*, Washington D. C.: Georgetown University Press, págs. 52-70.

KLEIN, WOLFGANG (1994a): *Time in language*, Londres: Routledge.

KLEIN, WOLFGANG (1994b): "A time-relational analysis of Russian aspect", *Language* 71, 669-695.

KLEIN, WOLFGANG (2009): "How Time is Encoded", en Wolfgang Klein y Ping Li (eds.): *The expression of time*, Berlín: Mouton de Gruyter, págs. 39-81.

KLEIN, WOLFGANG (2018): *Looking at language*, Berlín: Mouton/De Gruyter.

KOENIG, JEAN-PIERRE y LIAN-CHENG CHIEF (2008): "Scalarity and state-changes in Mandarin (and other languages)", *Empirical issues in syntax and semantics* 7, 241-262.

KOENIG, JEAN-PIERRE y NUTTANART MUANSUWAN (2000): "How to end without ever finishing: Thai semiperfectivity", *Journal of Semantics* 17, 147-184.

KRATZER, ANGELIKA (1991): "Modality", en Arnim von Stechow y Dieter Wunderlich (eds.) (1991): *Semantics: An International handbook of contemporary research*, Berlín: de Gruyter, págs. 639-650.

KRATZER, ANGELIKA (1995): "Stage-Level and Individual-Level predicates", en Gregory Norman Carlson y Francis Jeffry Pelletier (eds.) (1995): *The generic book*, Chicago: Chicago University Press, págs. 125-175.

KUBARTH, HUGO (1992): "El uso del pretérito simple y compuesto en el español hablado de Buenos Aires", en Elisabeth Luna Traill (coord.) (1992): *Scripta Philologica in Honorem Juan M. Lope Blanch*, vol. 2: *Lingüística Española e Iberoamericana*, México: Universidad Nacional Autónoma de México, págs. 553-566.

KURYŁOWICZ, JERZY (1965): "The evolution of grammatical categories", *Diogenes* 13/5, 55-71.

LABEAU, EMMANUELLE (2005): "Mon nom est narrative: imparfait narratif", en Emmanuelle Labeau y Pierre Larrivée (eds.): *Nouveaux développements de l'imparfait (Cahiers Chronos 14)*, Ámsterdam: Rodopi, págs. 79-102.

LACA, BRENDA (2001): "El orden de las perífrasis verbales", *Cuadernos de Lingüística* 7, Instituto Universitario Ortega y Gasset, págs. 9-20.

LACA, BRENDA (ed.) (2002): *Temps et aspect: de la morphologie à l'interprétation*, Saint-Denis: Presses Universitaires de Vincennes.

LACA, BRENDA (2004): "Romance 'aspectual' periphrases: Eventuality modification versus 'syntactic' aspect", en Guéron y Lecarme (eds.) (2004), págs. 425-440.

LACA, BRENDA (2005a): "Périphrases aspectuelles et temps gramatical dans les langues romanes", en Hava Bat-Zeev Shyldkrot y Nicole Le Querler (eds.) (2005): *Les périphrases verbales*, Ámsterdam: John Benjamins, págs. 47-66.

LACA, BRENDA (2005b): "Tiempo, aspecto y la interpretación de los verbos modales en español", *Lingüística* 17, 9-43.

LACA, BRENDA (2008): "Temporalidad y modalidad", en Miguel Casas Gómez y Ana Isabel Rodríguez-Piñero Alcalá (coords.) (2008): *X Jornadas de Lingüística*, Universidad de Cádiz: Servicio de Publicaciones, págs. 109-136.

LACA, BRENDA (2010): "Perfect semantics: How universal are Ibero-American present perfects", en Claudia Borgonovo, Manuel Español-Echevarría y Philippe Prévost (eds.) (2010): *Selected proceedings of the 12th Hispanic Linguistics Symposium*, Sommerville, Mass.: Cascadilla Proceedings Project, págs. 1-16.

LACA, BRENDA (2016): "Variación y semántica de los tiempos verbales: el caso del futuro", Comunicación presentada en el *XII Congreso Internacional de Lingüística General* (Universidad de Alcalá de Henares, mayo de 2016). En línea: <https://hal.science/hal-01533046/document> [Reproducido en: Belén Almeida Cabrejas *et al.* (ed.) (2017): *Investigaciones actuales en Lingüística*, Alcalá: Servicio de Publicaciones de la Universidad de Alcalá, págs. 159-192]

LAPRADE, RICHARD A. (1976): *Some salient dialectal features of La Paz Spanish*, Tesis de Máster, Universidad de Florida.

LAPRADE, RICHARD A. (1981): "Some cases of Aymara influences on La Paz Spanish", en Martha James Hardman (ed.) (1981): *The Aymara language in its social and cultural context*, Gainesville: University Presses of Florida, págs. 207-227.

LASTRA, YOLANDA y PEDRO MARTÍN BUTRAGUEÑO (2010): "Futuro perifrástico y futuro morfológico en el corpus sociolingüístico de la ciudad de México", *Oralia* 13, 145-171.

LAU, MONICA y JOHAN ROORYCK (2017): "Aspect, evidentiality, and mirativity", *Lingua* 186-187, 110-119.

LAUWERS, PETER y DOMINIQUE WILLEMS (2011): "Coercion: Definition and challenges, current approaches, and new trends", *Linguistics* 49/6, 1219-1235.

LE GOFFIC, PIERRE (1995): "La double complétude de l'imparfait", *Modèles linguistiques* 16/1, 133-148.

LEECH, GEOFFREY (1971): *Meaning and the English verb*, Londres: Longman.

LEONETTI, MANUEL (2000): "Por qué el imperfecto es anafórico", en García Fernández y Camus Bergareche (eds.) (2000), págs. 481-507.

LEONETTI, MANUEL y VICTORIA ESCANDELL-VIDAL (2003): "On the quotative readings of Spanish *imperfecto*", *Cuadernos de Lingüística* 10, Instituto Universitario Ortega y Gasset, 135-154.

LI, Y.-H. AUDREY (1990): *Order and constituency in Mandarin Chinese*, Dordrecht: Kluwer.

LIN, JO-WANG (2006): "Tense in a language without tense: The case of Chinese", *Journal of Semantics* 23, 1-53.

LIN, JO-WANG (2010): "A tenseless analysis of Mandarin Chinese revisited: A response to Sybesma (2007)", *Linguistic Inquiry* 41, 305-329.

LIN, JO-WANG (2012): "Tenselessness", en Binnick (ed.) (2012), págs. 669-695.

LINDSTEDT, JOUKO (1995): "Understanding perfectivity-understanding bounds", en Pier Marco Bertinetto *et al.* (eds.) (1995b), págs. 95-103.

LINDSTEDT, JOUKO (2001): "Tense and Aspect", en Martin Haspelmath *et al.* (eds.) (2001): *Language Typology and Language Universals: An International Handbook*, vol. 1, Berlín: Walter de Gruyter, págs. 768-783.

LOPE BLANCH, JUAN M. (1961): *Estudios sobre el español de México*, México: Universidad Nacional Autónoma de México, 1972.

LYONS, JOHN (1977): *Semantics*, Cambridge: Cambridge University Press.

MACFARLANE, JOHN (2008): "Truth in the garden of forking paths", en Manuel García-Carpintero y Max Köbel (eds.) (2008): *Relative truth*, Oxford: Oxford University Press, págs. 81-102.

MALCHUKOV, ANDREJ (2009): "Incompatible categories: Resolving the 'present perfective paradox'", en Lotte Hogeweg, Helen de Hoop y Andrej Malchukov (eds.) (2009): *Cross-linguistic semantics of tense, aspect, and modality*, Ámsterdam: John Benjamins, págs. 13-31.

MARTIN, FABIENNE (2011): "Epistemic modals in the past", en Janine Berns, Haike Jacobs y Tobias Scheer (eds.) (2011): *Romance Languages and Linguistic Theory 2009: Selected papers from 'Going Romance' Nice 2009*, Ámsterdam: John Benjamins, págs. 185-202.

MARTIN, FABIENNE (2015): "Explaining the link between agentivity and non-culminating causation", *Proceedings of SALT 25*, págs. 246-266.

MARTIN, FABIENNE y FLORIAN SCHÄFER (2012): "The modality of offer and other defeasible causative verbs", en Nathan Arnett y Ryan Bennett (eds.) (2012): *Proceedings of the 30th West Coast Conference on Formal Linguistics (WCCFL 30)*, Somerville, Mass.: Cascadilla Proceedings Project, págs. 248-258.

MARTÍN, HERMINIA (1981): "Data source in La Paz Spanish verb tenses", en Martha James Hardman (ed.) (1981): *The Aymara language in its social and cultural context*, Gainesville: University Presses of Florida, págs. 205-207.

MARTÍNEZ-ATIENZA, MARÍA (2004): "La expresión de la habitualidad en español", en García Fernández y Camus Bergareche (eds.) (2004), págs. 346-378.

MATTHEWSON, LISA (2003): "An underspecified Tense in t'át'imcets", en Brian Agbayani, Paivi Koskinen y Vida Samiian (eds.) (2003): *Proceedings of the Western Conference on Linguistics (WECOL) 2002*, Fresno, California: California State University, págs. 161-172.

MATTHEWSON, LISA (2004): "On the Methodology of Semantic Fieldwork", *International Journal of American Linguistics* 70: 369-415.

MATTHEWSON, LISA (2006): "Temporal semantics in a supposedly tenseless language", *Linguistics and Philosophy* 29, 673-713.

MATTIOLA, SIMONE (2019): *Typology of pluractional constructions in the languages of the world*, Ámsterdam: John Benjamins.

MAUL, STEFAN M. (2007): "Divination culture and the handling of the future", en Gwendolyn Leick (ed.) (2007): *The Babylonian world*, Londres: Routledge, pág. 361-372.

McARTHUR, ROBERT (1974): "Factuality and modality in the future tense", *Noûs* 8/3, 283-288.

McCAWLEY, JAMES (1971): "Tense and time reference in English", en Charles Fillmore y D. Terence Langendoen (eds.) (1971): *Studies in Linguistic Semantics*, Nueva York: Holt, Rinehart and Winston, págs. 96-113.

McCAWLEY, JAMES (1981): *Everything that Linguists have Always Wanted to Know about Logic, but were ashamed to ask*, Oxford: Basil Blackwell.

McCOARD, ROBERT W. (1978): *The English perfect: Tense choice and pragmatic inferences*, Ámsterdam: North Holland.

MÉNDEZ-VALLEJO, DUNIA CATALINA (2008): "Periphrastic and morphological future forms in Bogotá Spanish: A preliminary sociolinguistic study of upper-class speakers", *IULC Working Papers Online* 8/3, 1-22.

MENDOZA, JOSÉ G. (1992): "Aspectos del español hablado en Bolivia", en César Hernández Alonso (coord.) (1992): *Historia y presente del español de América*, Junta de Castilla-León, págs. 437-499.

MICHAELIS, LAURA A. (1994): "The ambiguity of the English present perfect", *Journal of Linguistics* 30, 111-157.

MICHAELIS, LAURA A. (2004): "Type-shifting in Construction Grammar: An integrated approach to aspectual coerción", *Cognitive Linguistics* 15/1, 1-67.

MICHAELIS, LAURA A. (2011): "Stative by constructions", *Linguistics* 49/6, 1359-1399.

MITTWOCH, ANITA (1988): "Aspects of English aspect: On the interaction of perfect, progressive, and durational phrases", *Linguistics and Philosophy* 11, 203-254.

MITTWOCH, ANITA (1995): "The English perfect, past perfect and future perfect in a neo-reichenbachian framework", en Bertinetto *et al.* (eds.) (1995b), págs. 255-267.

MITTWOCH, ANITA (2008): "The English resultative perfect and its relationship to the experiential perfect and the simple past tense", *Linguistics and Philosophy* 31, 323-351.

MOENS, MARC y MARK STEEDMAN (1988): "Temporal ontology and temporal reference", *Computational linguistics* 14/2, 15-28.

MOLENDIJK, ARIE (1996): "Anaphore et imparfait: la référence globale à des situations présupposées ou impliquées", en Walter de Mulder, Liliane Tasmowski-De Ryck y Carl Vetters (eds.) (1996): *Anaphores temporelles et (in-)coherence (Cahiers Chronos* 1), Ámsterdam: Rodopi, págs. 109-123.

MONTEAGUDO, HENRIQUE y SANTAMARINA, ANTÓN (1993): "Galician and Castilian in contact: Historical, social and linguistic aspects", en Rebecca Posner y John N. Green (eds.) (1993): *Trends in Romance linguistics and philology*, vol. 5: *Bilingualism and linguistic conflict in Romance*, Berlín: Mouton de Gruyter, págs. 117-173.

MORENO DE ALBA, JOSÉ G. (1988): *El español en América*, México: Fondo de Cultura Económica, 1993, 2.ª ed.

MORENO CABRERA, JUAN CARLOS (1990): *Lenguas del mundo*, Madrid: Visor.

MORENO CABRERA, JUAN CARLOS (2003): *Semántica y gramática. Sucesos, papeles semánticos y relaciones sintácticas*, Madrid: Antonio Machado Libros.

MORENO CABRERA, JUAN CARLOS (2011): "La aspectualidad fásica de los estados resultativos desde el punto de vista de la Semántica Relacional de Sucesos (SRS)", en Carrasco Gutiérrez (ed.) (2011): *Sobre estados y estatividad*, Múnich: Lincom Europa, págs. 8-25.

MORENO CABRERA, JUAN CARLOS (2021): *La clasificación de las lenguas. Introducción a la taxonomía lingüística*, Madrid: Síntesis.

MORGADO NADAL, LAURA (2015): *El imperfecto narrativo o de ruptura: desarrollo e implicaciones teóricas*, Tesis Doctoral, Universidad de Alcalá.

MORRISEY, MICHAEL D. (1973): "The English perfective and 'still'/'anymore'", *Journal of Linguistics* 9/1, 65-69.

NAPOLI, DONNA (1981): "Semantic Interpretation vs. Lexical Governance: Clitic Climbing in Italian", *Language* 57/4, 841-887.

NISHIYAMA, ATSUKO y JEAN-PIERRE KOENIG (2004): "What is a perfect state?", en Vinneeta Chand *et al.* (eds.) (2004): *WCCFL 23 Proceedings*, Somerville: Cascadilla Press, págs. 595-606.

NISHIYAMA, ATSUKO y JEAN-PIERRE KOENIG (2010): "What is a perfect state?", *Language* 86/3, 611-645.

NÚÑEZ, RAFAEL E. y KENSY COOPERRIDER (2013): "The tangle of space and time in human cognition", *Trends in Cognitive Science* 17/5, 220-229.

NÚÑEZ, RAFAEL E. y EVE SWEETSER (2006): "With the future behind them: Convergent evidence from Aymara language and gesture in the crosslinguistic comparison of spatial construals of time", *Cognitive Science* 30: 401-450.

OCTAVIO DE TOLEDO Y HUERTA, ÁLVARO S. y JAVIER RODRÍGUEZ MOLINA (2008): "En busca del tiempo perdido: historia y uso de hube cantado", en Carrasco Gutiérrez (ed.) (2008), págs. 277-357.

OGIHARA, TOSHIYUKI (2007): "Tense and aspect in truth-conditional semantics", *Lingua* 17, 392-418.

OLBERTZ, HELLA (1998): *Verbal periphrases in a Functional Grammar of Spanish*, Berlín: Mouton de Gruyter.

OLBERTZ, HELLA (2009): "Mirativity and exclamatives in functional discourse grammar: evidence form Spanish", en Evelien Keizer y Gerry Wanders (eds.) (2009): *The London papers I. Web Papers in Functional Discourse Grammar*, vol. 82, Ámsterdam: Functional Grammar Foundation, págs. 66-82.

OLIVEIRA, FÁTIMA y ANTÓNIO LEAL (2012): "Sobre a iteração do pretérito perfeito composto em português europeu", *Revista de Estudos Linguísticos da Universidade do Porto* 7, 65-88.

OLIVEIRA, FÁTIMA, ANTÓNIO LEAL y FÁTIMA SILVA (2015): "Pretérito perfeito composto e quantificação em português europeu", en Purificação Silvano y António Leal (org.) (2015): *Estudos de semântica*, Universidad de Oporto, págs. 41-54.

OLIVEIRA, FÁTIMA y ANTÓNIO LEAL (2018): "Sobre a natureza homogénea do pretérito perfeito composto em português europeu", *Revista de Estudos Linguísticos da Universidade do Porto* 13, 57-78.

OLIVEIRA, FÁTIMA y ANA LOPES (1995): "Tense and Aspect in Portuguese", en Rolf Thieroff (ed.) (1995), págs. 95-115.

OLSSON, BRUNO (2013): *Iamitives: Perfects in Southeast Asia and beyond*, Trabajo de Fin de Máster, Universidad de Estocolmo.

OROZCO, RAFAEL (2005): "Distribution of future time forms in Northern Colombian Spanish", en David Eddington (ed.) (2005): *Selected Proceedings of the 7th Hispanic Linguistics Symposium*, Somerville, Mass.: Cascadilla Proceedings Project, págs. 56-65.

OSBORNE, SAMANTHA D. (2008): *Variable Future Tense Expression in Andalusian Spanish*, Tesis Doctoral, Universidad de Georgia.

PALMER, FRANK R. (1986): *Mood and modality*, Cambridge: Cambridge University Press.

PANCHEVA, ROUMYANA (2003): "The aspectual makeup of Perfect participles and the interpretation of the Perfect", en Alexiadou, Rathert y von Stechow (eds.) (2003), págs. 277-306.

PARK, KI-SEONG (1993): *Korean causatives in Role and Reference Grammar*, Trabajo de Fin de Máster, Búfalo, Universidad estatal de Nueva York en Búfalo.

PARSONS, TERENCE (1990): *Events in the semantics of English. A study in subatomic semantics*, Cambridge, Mass.: The MIT Press.

PARTEE, BARBARA HALL (1973): "The syntax and semantics of quotations", en Stephen R. Anderson y Paul Kiparsky (eds.) (1973): *A Festschrift for Morris Halle*, Nueva York: Holt, Rinehart y Winston, 410-418.

PASLAWSKA, ALIA y ARNIM VON STECHOW (2003): "Perfect reading in Russian", en Alexiadou, Rathert y von Stechow (eds.) (2003): *Perfect explorations*, Berlín: de Gruyter, págs. 307-362.

PATO, ENRIQUE y DAVID HEAP (2008): "La organización dialectal del castellano: la distribución de las formas *canté vs. he cantado* en el español peninsular", en Concepción Company Company y José G. Moreno de Alba (eds.) (2008): *Ac-*

tas del VII Congreso Internacional de Historia de la Lengua Española (Mérida/Yucatán, 4-8/9/2006), vol. 1, Madrid: Arco Libros, págs. 927-941.

PEDERSON, ERIC (2008): "Event realisation in Tamil", en Melissa Bowerman y Penelope Brown (eds.) (2008): *Crosslinguistic Perspectives on Argument Structure. Implications for Learnability*, London: Routledge, págs. 331-356.

PÉREZ SALDANYA, MANUEL (2002): "Les catégories aspectuelles à expression périphrastique", en Joan Solà *et al.* (eds.) (2002): *Gramàtica del català contemporani*, vol. 3: *Sintaxi*, Barcelona: Empúries, págs. 2567-2662.

PETERSON, TYLER (2016): "Mirativity as surprise: Evidentiality, information, and deixis", *Journal of Psycholinguistic Research* 45/6, 1327-1357.

PFÄNDER, STEFAN y AZUCENA PALACIOS (2013): "Evidencialidad y validación en los pretéritos del español andino ecuatoriano", *Círculo de lingüística aplicada a la comunicación* 54, 65-98.

PIÑERO PIÑERO, GRACIA (2000): *Perfecto simple y perfecto compuesto en la norma culta de Las Palmas de Gran Canaria*, Madrid: Iberoamericana.

PIÑÓN, CHRISTOPHER (2014): "Result states and consequent states", Manuscrito.

POLETTO, CECILIA (2009): "Double auxiliaries, anteriority and terminativity", *The Journal of Comparative Germanic Linguistics* 12, 31-48.

POLLOCK, JEAN-YVES (1989): "Ver movement, universal grammar, and the structure of IP", *Linguistic Inquiry* 20/3, 365-424.

PORCEL, JORGE (2005): "Distancia temporal *vs.* modalidad: contraste en el futuro simple del indicativo del español hablado actual", *Lingüística Española Actual* 27, 63-93.

PORTNER, PAUL (2003): "The (temporal) semantics and (modal) pragmatics of the perfect", *Linguistics and Philosophy* 26, 459- 510.

QUESADA PACHECO, MIGUEL ÁNGEL (2001): "El sistema verbal del español de América: de la temporalidad a la aspectualidad", *Español Actual* 75, 5-26.

QUESADA PACHECO, MIGUEL ÁNGEL (2013): *El español hablado en América Central. Nivel morfosintáctico*, Madrid: Iberoamericana.

RADDEN, GÜNTER (2004): "The metaphor TIME AS SPACE across languages", en Nicole Baumgarten *et al.* (eds) (2004): *Übersetzen, Interkulturelle Kommunikation, Spracherwerb und Sprachvermittlung-das Leben mit mehreren Sprachen. Festschrift für Juliane House zum 60. Geburtstag. Zeitschrift für Interkulturellen Fremdsprachenunterricht* 8, 2/3, 226-239.

RADDEN, GÜNTER (2011): "Spatial time in the West and the East", en Mario Brdar *et al.* (eds.) (2011): *Space and Time in Language*, Fráncfort: Peter Lang.

RAE y ASALE (2009): *Nueva gramática de la lengua española*, Madrid: Espasa Calpe.

RATHERT, MONIKA (2012): "Adverbials", en Binnick (ed.) (2012), págs. 237-268.

REICHENBACH, HANS (1947): *Elements of symbolic logic*, Nueva York: MacMillan. [Reproducido en Inderjeet Mani, James Pustejovski y Robert Gaizauskas (eds.) (2005): *The language of time. A reader*, Oxford: Oxford University Press, págs. 71-78]

RICHARDS, BARRY (1982): "Tense, aspect and time adverbial", *Linguistics and Philosophy* 5, 59-107.

RITTER, ELIZABETH y MARTINA WILTSCHKO (2004): "The lack of tense as a syntactic category. Evidence from Blackfoot and Halkomelem", en Jason C. Brown y Tyler Peterson (eds.) (2004): *Proceedings of the 39th International Conference on Salish and Neighbouring Languages, University of British Columbia Working Papers in Linguistics* 14, págs. 341-370.

RITTER, ELIZABETH y MARTINA WILTSCHKO (2009): "Varieties of Infl: Tense, location, and person", en Jeroen van Craenenbroeck(ed.) (2009): *Alternatives to cartography*, Berlín: De Gruyter Mouton, págs. 153-202.

RITZ, MARIE-EVE (2012): "Perfect tense and aspect", en Binnick (ed.) (2012), págs. 881-907.

RIVERO, M.ª TERESA (2014): "Spanish inferential and mirative futures and conditionals: an evidential gradable modal proposal", *Lingua* 151, 197-215.

RODRÍGUEZ LOURO, CELESTE (2009): *Perfect evolution and change. A sociolinguistic study of preterit and present perfect usage in contemporary and earlier Argentina*, Tesis Doctoral, Universidad de Melbourne.

RODRÍGUEZ LOURO, CELESTE (2010): "Past time reference and the present perfect in Argentinian Spanish", en Yvonne Treis y Rik De Busser (ed.) (2010): *Selected papers from the 2009 conference of the Australian Linguistic Society*, Universidad de La Trobe.

RODRÍGUEZ MOLINA, JAVIER (2010): *La gramaticalización de los tiempos compuestos en español antiguo: cinco cambios diacrónicos*, Tesis Doctoral, Universidad Autónoma de Madrid.

RODRÍGUEZ ROSIQUE, SUSANA (2015): "Spanish future in evaluative contexts: A case of mirativity?", *eHumanista. Journal of Iberian Studies* 8 (*Special issue IV: Approaches to Evidentiality in Romance*), 500-516.

ROJO, GUILLERMO (1974a): *Perífrasis verbales en el gallego actual*, Verba. Anuario gallego de Filología, Anejo 2.

ROJO, GUILLERMO (1974b): "La temporalidad verbal en español", *Verba* 1, 68-149.

ROJO, GUILLERMO (1988): "Temporalidad y aspecto en el verbo español", *Lingüística española actual* 10, págs. 195-216.

ROJO, GUILLERMO (1990): "Relaciones entre temporalidad y aspecto en el verbo español", en Bosque (ed.) (1990), págs. 17-41.

ROJO, GUILLERMO (2004): "El español de Galicia", en Rafael Cano (coord.) (2004): *Historia de la lengua española*, Barcelona: Ariel, págs. 1087-1101.

ROJO, GUILLERMO y ALEXANDRE VEIGA (1999): "El tiempo verbal. Las formas simples", en Bosque y Demonte (dirs.) (1999), págs. 867-934.

ROTHSTEIN, BJÖRN (2008): *The perfect time span: On the present perfect in German, Swedish and English*, Ámsterdam: John Benjamins.

SÁNCHEZ, LILIANA E. (2004): "Functional convergence in the tense, evidentiality and aspectual systems of Quechua Spanish bilinguals", *Bilingualism: Language and Cognition* 7/2, 147-162.

SANTANA MARRERO, JUANA (2003): "La alternancia *cantaré/voy a cantar* en el habla de Sevilla", en Fernando Sánchez Miret (coord.) (2003): *Actas del XXIII Congreso Internacional de Lingüística y Filología Románica*, Tubinga: Max Niemeyer, vol. 2, T. 2, págs. 319-330.

SAUSSURE, LOUIS DE (2010): "Pragmatique procédurale des temps verbaux. La question des usages interprétatifs", en Nelly Flaux, Dejan Stosic y Co Vet (eds.): *Interpréter les temps verbaux*, Berna: Peter Lang, págs. 129.160.

SAUSSURE, LOUIS DE y BERTRAND STHIOUL (1999): "L'imparfait narratif: point de vue (et images du monde)", *Cahiers de Praxématique* 32, 167-188.

SAUSSURE, LOUIS DE y BERTRAND STHIOUL (2005): "Imparfait et enrichissement pragamtique", en Emmanuelle Labeau y Pierre Larrivée (eds.) (2005): *Nouveaux développements de l'imparfait (Cahiers Chronos 14)*, Ámsterdam: Rodopi, págs. 103-120.

SAUSSURE, LOUIS DE y BERTRAND STHIOUL (2012): "The surcomposé past tense", en Binnick (ed.) (2012), págs. 586-610.

SCHWENTER, SCOTT (1994): "The grammaticalization of an anterior in progress: Evidence from a Peninsular Spanish Dialect", *Studies in Language* 18/1, 71-109.

SCHWENTER, SCOTT y RENA TORRES CACOULLOS (2008): "Defaults and indeterminacy in temporal grammaticalization: The 'perfect' road to perfective", *Language Variation and Change* 20/1, 1-39.

SEARLE, JOHN R. (1989): "How performatives work", *Linguistics and Philosophy* 12, 535-558.

SEDANO, MERCEDES (1994): "El futuro morfológico y la expresión *ir a* + infinitivo en el español hablado de Venezuela", *Verba* 21, 225-240.

SEDANO, MERCEDES (2006): "Importancia de los datos cuantitativos en el estudio de las expresiones de futuro", *Revista Signos* 39, 283-296.

SERRANO, M.ª JOSÉ (1994): "Del pretérito indefinido al pretérito perfecto: un caso de cambio y gramaticalización en el español de Canarias y Madrid", *Lingüística Española Actual* 16, 37-57.

SHAER, BENJAMIN (2003): "Toward the tenseless analysis of tenseless language", en Jan Anderssen, Paula Menendez-Benito y Adam Werle (eds.) (2003): *The proceedings of SULA 2, Vancouver, BC*, Amherst: University of Massachusetts, págs. 139-156.

SINGH, MONA (1991): "The perfective paradox: Or how to eat your cake and have it too", en Laurel A. Sutton (ed.) (1991): *Proceedings of the Seventeenth Annual Meeting of the Berkeley Linguistics Society, February 15-18: General Session and Parasession on The Grammar of Event Structure*, Berkely Linguistics Society, págs. 469-479.

SINGH, MONA (1998): "On the semantics of the perfective aspect", *Natural Language Semantics* 7, 171-199.

SMITH, CARLOTA S. (1991): *The parameter or aspect*, Dordrecht: Kluwer.

SMITH, CARLOTA S. (1996): "Aspectual categories in Navajo", *International Journal of American Linguistics* 62/3, 227-263.

SMITH, CARLOTA S. (2008): "Tense with and without tense", en Jacqueline Guéron y Jacqueline Lecarme (eds.) (2008): *Time and Modality (Studies in Natural Language and Linguistic Theory 75)*, Dordrecht: Springer, págs. 227-249.

SMITH, CARLOTA S. y MARY S. ERBAUGH (2005): "Temporal interpretation in Mandarin Chinese", *Linguistics* 43/4, 713-756.

SOH, HOOI LING y MEIJIA GAO (2006): "Perfective aspect and transition in Mandarin Chinese: An analysis of double *-le* sentences", en Pascal Denis *et al.* (ed.) (2006): *Proceedings of the 2004 Texas Linguistics Society Conference*, Somerville, Mass.: Cascadilla Proceedings Project.

SOTO, GUILLERMO (2014): "El pretérito perfecto compuesto en el español estándar de nueve capitales americanas: frecuencia, subjetivización y deriva aorística", en Susana Azpiazu (ed.) (2014): *Formas simples y compuestas del pasado en el verbo español*, Lugo: Axac, págs. 131-146.

SPENCER, ANDREW (1992): "Nominal inflection and the nature of functional categories", *Journal of Linguistics* 28/2, 313-341.

SQUARTINI, MARIO (1998): *Verbal periphrases in Romance: Aspect, actionality and grammaticalization*, Berlín: Mouton de Gruyter.

SQUARTINI, MARIO (2001): "The internal structure of evidentiality in Romance", *Studies in Language* 25/2, 297-334.

SQUARTINI, MARIO (2004): "Disentangling evidentiality and epistemic modality in Romance", *Lingua* 114, 873-895.

SQUARTINI, MARIO (2008): "Lexical vs. grammatical evidentiality in French and Italian", *Linguistics* 46/5, 917-947.

SQUARTINI, MARIO (2018): "Mirative extensions in Romance: Evidential or epistemic?", en Zlatka Guentchéva (ed.): *Epistemic Modalities and Evidentiality in Cross-Linguistic Perspective*, Berlín: Mouton/De Gruyter, págs. 196-214.

SQUARTINI, MARIO y PIER MARCO BERTINETTO (2000): "The simple and compound past in Romance languages", en Östen Dahl (ed.) (2000): *Tense and Aspect in the Languages of Europe*, Berlín: Walter de Gruyter, págs. 403-439.

STHIOUL, BERTRAND (1998): "Temps verbaux et point de vue", en Jacques Moeschler (ed.) (1998): *Le temps des événements. Pragmatique de la référence temporelle*, París: Kimé, págs. 197-220.

STHIOUL, BERTRAND (2000): "Passé simple, imparfait et sujet de conscience", en Anne Carlier, Veronique Lagae y Céline Benninger (eds.) (2000): *Passé et parfait. (Cahiers Chronos 6)*, Ámsterdam: Rodopi, págs. 79-93.

STOWELL, TIM (1995): "What do present and past tenses mean?", en Bertinetto *et al.* (eds.) (1995a), págs. 381-396.

STOWELL, TIM (1996): "The phrase structure of tense", en Johan Rooryck y Laurie Zaring (eds.) (1996): *Phrase Structure and the Lexicon*, Dordrecht: Kluwer, págs. 277-291.

STOWELL, TIM (2004): "Tense and modals", en Guéron y Lecarme (eds.) (2004), págs. 123-146.

STOWELL, TIM (2007a): "The syntactic expression of tense", *Lingua* 117/2, 437-463.

STOWELL, TIM (2007b): "Sequence of perfect", en Louis de Saussure, Jacques Moeschler y Genoveva Puskas (eds.) (2007): *Recent advances in the syntax and semantics of tense, mood and aspect*, Berlín: De Gruyter, págs. 123-146.

STOWELL, TIM (2012): "Syntax", en Binnick (ed.) (2012), págs. 184-211.

STRATFORD, BILLIE DALE (1989): *Structure and use of Altiplano Spanish*, Tesis Doctoral, Universidad de Florida.

SWEETSER, EVE y ALICE GABY (2017): "Linguistic patterns of space and time vocabulary", en Barbara Dancygier (ed.): *The Cambridge handbook of cognitive linguistics*, Cambridge: Cambridge University Press, págs. 625-634.

SYBESMA, RINT (2007): "Whether we tense-agree overtly or not", *Linguistic Inquiry* 38, 580-587.

TAI, JAMES H. Y. (1984): "Verbs and Times in Chinese: Vendler's Four Categories", in David Testen, Veena Mishra y Joseph Drogo (eds.) (1984): *Papers from the Parasession on Lexical Semantics*, *Chicago Linguistic Society* 20: 289-296.

TASMOWSKI, LILIANE (1980) : "Un devoir opérateur", *Travaux de linquistique* 7, 43-58.

TATEVOSOV, SERGEI y MIHAIL IVANOV (2009): "Event structure of non-culminating accomplishments", en Helen de Hoop, Lotte Hogeweg y Andrej Malchukov (eds.) (2009): *Cross-linguistic Semantics of Tense, Aspect, and Modality*, La Haya: Benjamins, págs. 83-130.

THIEROFF, ROLF (ed.) (1995): *Tense systems in European languages*, vol. 2, Tubinga: Max Niemeyer.

THIEROFF, ROLF y JOACHIM BALLWEG (eds.) (1994): *Tense systems in European languages*, Tubinga: Max Niemeyer.

TOGEBY, KNUD (1953): *Mode, aspect et temps en espagnol*, Copenhague: Ejnar Munksgaard.

TSUJIMURA, NATSUKO (2003): "Event cancellation and telicity", *Japanese/Korean Linguistics* 12, 388-399.

TURNER, CLAIRE (2010): *Sencoten resultative construction*, Tesis Doctoral, Universidad de Victoria, Canadá.

VANDEN WYNGAERD, GUIDO (2005): "Simple Tense", en Marcel Den Dikken y Christin Tortora (eds.) (1995): *The Function of Function Words and Functional Categories*, Ámsterdam: John Benjamins, 187-215.

VAN VALIN, ROBERT D. (2005): *Exploring Syntax-Semantics Interface*, Cambridge: Cambridge University Press.

VEIGA, ALEXANDRE (2002): *Estudios de morfosintaxis verbal española*, Lugo: Tris Tram.

VEIGA, ALEXANDRE (2004): "La forma verbal *cantaba* y la estructura modo-temporal del sistema verbal español", en García Fernández y Camus Bergareche (eds.) (2004), págs. 96-193.

VEIGA, ALEXANDRE (2014): "Diacronía de *he cantado / canté* en el sistema verbal español. Subsistemas y variantes", en José Luis Ramírez Luengo (coord.) (2014): *Historia del español hoy. Estudios y perspectivas*, Lugo: Axac, págs. 151-179

VENDLER, ZENO (1957): "Verbs and times", *Philosophical Review* 66/2, 143-160. [Reproducido en Zeno Vendler (1967): *Linguistics in philosophy*, Itaca, Nueva York: Cornwell University Press, págs. 97-121]

VERKUYL, HENK J. (2008): *Binary tense*, Stanford, California: CSLI Publications.

VERKUYL, HENK J. (2012): "Compositionality", en Binnick (ed.) (2012), págs. 563-585.

VET, CO (2007): "The descriptive inadequacy of Riechenbach's tense system: A new proposal", en Louis De Saussure, Jacques Moeschler y Genoveva Puskas (eds.) (2007): *Tense, mood and aspect. Theoretical and descriptive Issues* (*Cahiers Chronos* 17), Ámsterdam: Rodopi, págs. 7-26.

VIEJO FERNÁNDEZ, XULIO (1998): *Las formas compuestas en el sistema verbal asturiano*, Oviedo: Universidad de Oviedo.

VIKNER, STEN (1985): "Reichenbach revisited: One, two, or three temporal relations?", *Acta Lingüistica Hafniensia* 19/2, 81-98.

VLACH, FRANK (1981): "La sémantique du temps et de l'aspect en anglais", *Langages* 64, 65-79.

VLACH, FRANK (1993): "Temporal adverbials, tenses and the perfect", *Linguistics and Philosophy* 16, 231-283.

WATANABE, HONORE (2003): *A morphological description of Sliammon, Mainland Comox Salish*, Osaka: Endangered Languages of the Pacific Rim Publications.

WILTSCHKO, MARTINA (2003): "On the interpretability of tense on D and its consequences for case theory", *Lingua* 113, 659-696.

WILTSCHKO, MARTINA (2014): *The Universal Structure of Categories. Towards a Formal Typology*, Cambridge: Cambridge University Press.

World Atlas of Language Structures = Haspelmath, Martin *et al.* (eds.) (2005), Oxford: Oxford University Press.

ZAGONA, KAREN (1995): "Temporal argument structure: configurational elements of construal", en Bertinetto *et al.* (eds.) (1995a), págs. 397-410.

ZAGONA, KAREN (2003): "Tense and anaphora: Is there a tense-specific theory of coreference", en Andrew Barss (ed.): *Anaphora: A reference guide*, vol. 3, Malden, Mass.: Blackwell, págs. 140-171.

ZAGONA, KAREN (2007): "Some effects of aspect on tense construal", *Lingua* 117/2, 464-502.

ZIDATIβ, WOLFGANG (1978): "'Continuative' and 'resultative' perfects in English?", *Lingua* 44, 339-362.